部品や原材料不足時代に打ち勝つ!

調達 資材 購買の基本

福原政則
Fukuhara Masanori

SE SHOEISHA

本書内容に関するお問い合わせについて

このたびは翔泳社の書籍をお買い上げいただき、誠にありがとうございます。弊社では、読者の皆様からのお問い合わせに適切に対応させていただくため、以下のガイドラインへのご協力をお願い致しております。下記項目をお読みいただき、手順に従ってお問い合わせください。

●ご質問される前に

弊社Webサイトの「正誤表」をご参照ください。これまでに判明した正誤や追加情報を掲載しています。

正誤表　https://www.shoeisha.co.jp/book/errata/

●ご質問方法

弊社Webサイトの「刊行物Q&A」をご利用ください。

刊行物Q&A　https://www.shoeisha.co.jp/book/qa/

インターネットをご利用でない場合は、FAXまたは郵便にて、下記“翔泳社 愛読者サービスセンター”までお問い合わせください。
電話でのご質問は、お受けしておりません。

●回答について

回答は、ご質問いただいた手段によってご返事申し上げます。ご質問の内容によっては、回答に数日ないしはそれ以上の期間を要する場合があります。

●ご質問に際してのご注意

本書の対象を超えるもの、記述個所を特定されないもの、また読者固有の環境に起因するご質問等にはお答えできませんので、あらかじめご了承ください。

●郵便物送付先およびFAX番号

送付先住所　〒160-0006　東京都新宿区舟町5
FAX番号　03-5362-3818
宛先　（株）翔泳社 愛読者サービスセンター

※本書に記載されたURL等は予告なく変更される場合があります。
※本書の出版にあたっては正確な記述につとめましたが、著者や出版社などのいずれも、本書の内容に対してなんらかの保証をするものではなく、内容やサンプルに基づくいかなる運用結果に関してもいっさいの責任を負いません。

※本書に記載されている情報は2023年3月1日執筆時点のものです。

はじめに

本書は、部品や原材料の不足と価格高騰の時代であっても、企業が持続的な成長と利益を確保するために、調達・資材・購買部門の業務をイチからわかりやすく丁寧に解説しています。

新型コロナウイルス感染症のパンデミック（世界的大流行）やロシアのウクライナ侵攻をはじめとする世界情勢の緊迫化、為替相場の変動などの影響を受け、「部品が入手できず製品が製造できない」「コストが高くなり利益が減少する」といった、部品や原材料の不足による納期遅延問題と、原材料・エネルギー・物流価格の高騰による製品コスト高問題が多くの企業で発生しています。こうした問題が発生している企業に共通しているのが、調達・資材・購買部門が「決められたものを買う」、つまり設計者などが購入仕様を決めた後、決められたもの（仕様変更が困難なもの）を調達・資材・購買部門が買うという、受け身的な業務になっている点です。

一方、同じ環境下でも、部品や原材料を計画通り入手し、製品を製造している企業、またコスト低減によって企業利益を増加させ、過去最高益を更新する企業もあります。それを実現しているのは、調達・資材・購買部門も「買うものを決める」、つまり設計者などと一緒に購入仕様とコスト（価格）を決定するという能動的な業務になっている点にあります。決められたものを事務的にただ買うのではなく、**購入仕様が決まる前の段階から購入品の仕様とコストを設計者などと一緒に作り込むこと**が両者の違いを生んでいます。

このように企画構想段階などの製品開発の上流段階から購入品の仕様とコストを設計者などと一緒に作り込むことで、品不足や価格が高騰している購入品のQCD（品質・コスト・納期）を改善し、売上増加やコスト低減を実現して利益を作り出すことで、企業の持続的な成長と利益確保を実現します。

調達・資材・購買部門の業務は、製品の製造と利益を作り出すために、適正な外部企業から、適正な品質・コスト・納期で、必要な数量の部品や原材料、設備などを購入し、社内に供給することです。

今の時代、買い方次第で、購入価格が10分の1にも10倍にもなります。本書では必要なときに少しでも安く部品や原材料などを購入できるように、**購入先企業の評価・改善方法、購入品の価格決定方法、コスト低減、納期管理、品質管理、外注管理、契約法務、開発調達、リスク管理、調達DX**などについて解説しています。

本書の対象者は、日本国内に約74万人いるとされる調達・資材・購買の担当者および管理者の中で、「今の時代に合った買い方を知りたい」「コスト（購入価格）を低減したい」「購入品の納期遅延や品質問題を改善したい」「売上や利益の向上に貢献したい」「自社製品で社会の課題を解決したい」と考えている方たちです。

本書の構成は、次の通りです。

第1章では、**調達・資材・購買部門の重要性**について解説しています。部門の役割や機能、企業利益に貢献する調達を知ることで、調達業務の目指すべき姿や調達活動の問題・課題の発見に活用してください。

第2章から第4章では、**今の時代に合った買い方**について解説しています。調達業務のプロセスや購入先企業・購入価格の決定方法を知ることで、調達業務のプロセスの再構築ができるようになります。

第5章から第7章では、**購入品のコスト（価格）低減や、納期と品質の管理**について解説しています。購入品の品質・コスト・納期の改善策の立案に役立ちます。

第8章から第12章では、**調達部門の強み**を解説しています。外注管理や交渉、法務、開発調達、リスク管理を実行することで、社内プレゼンス（存在感）を高められます。

第13章では、**部品・原材料不足時代に打ち勝つための部品標準化プロジェクト**や**集中集約購買プロジェクト**について解説しています。調達活動を進める上での現場の取り組み事例として参考にしてください。

第14章では今後ますます推進される**調達DX**について解説しています。

調達業務のDX化を推進する際に参考にしてください。

筆者は、日立製作所本社調達統括本部（現・バリューチェーンインテグレーション統括本部）および日立グループ企業で、部品調達からシステム開発まで調達に関する多くの業務を担当し、その後コンサルタントとして、これまでに350社以上もの企業の経営コンサルティングや企業研修を通じて、調達問題・課題の解決に取り組んできました。本書ではそうした経験を踏まえ、調達担当者や管理者の皆さんの視点に立って、調達業務で役立つ情報をまとめました。本書を読んでいただいた皆さんが「調達業務が楽しくなった」「調達問題の解決に役立った」「利益向上に貢献できた」「調達業務に興味を持った」と少しでも思っていただければ、この上ない喜びです。

最後に、本書を執筆する機会を与えてくださり貴重なアドバイスをいただいた翔泳社書籍編集部の長谷川和俊氏、また各種調査にご協力いただいた企業の社長、役員、部課長、調達担当者、研修受講生の方々、参考にさせていただいた文献著者の方々、そして多数のご指導をいただいた日立製作所関係者に心よりお礼申し上げます。

2023年４月　福原 政則

部品や原材料不足時代に打ち勝つ!

調達・資材・購買の基本

目　次

第1章
調達・資材・購買部門の重要性

第2章
調達業務プロセス

第3章
サプライヤー（取引先）の選定・評価

第4章 購入価格の決定

第5章 コスト低減

第6章 納期管理

第7章 品質管理

第8章
外注管理

第9章
調達交渉

第10章 調達法務

第11章 開発調達

第12章

リスク管理

第13章

部品・原材料不足時代に打ち勝つ調達

第14章

調達ＤＸ

第1章

調達・資材・購買部門の重要性

本章では、企業活動における調達・資材・購買部門の重要性について解説します。調達・資材・購買部門の役割や機能を知ることで、それらの重要性や企業経営者から求められていること、業務の全体像、組織・個人の目指す姿、現状業務の問題・課題の発見に役立ちます。

調達・資材・購買部門の役割 ～円滑な製造と利益創出～

企業活動と調達・資材・購買部門の役割

企業活動は、①資金を集める、②部品や原材料、設備などを購入する、③製品を製造する、④製品を販売する、⑤代金を回収するというサイクルで売上とコストを発生させ、利益を作り出しています。利益は「利益＝売上－コスト」という式で計算されます。

調達・資材・購買部門の役割は、上記５つの企業活動の中で②の部品や原材料、設備などを外部の企業（供給業者を**サプライヤー**と呼ぶ）から購入することです。この適正な購入業務によって、円滑に製品を製造でき、売上増加とコスト低減によって利益を作り出せます。

調達・資材・購買部門がなければ、モノやサービスを適正に購入でき

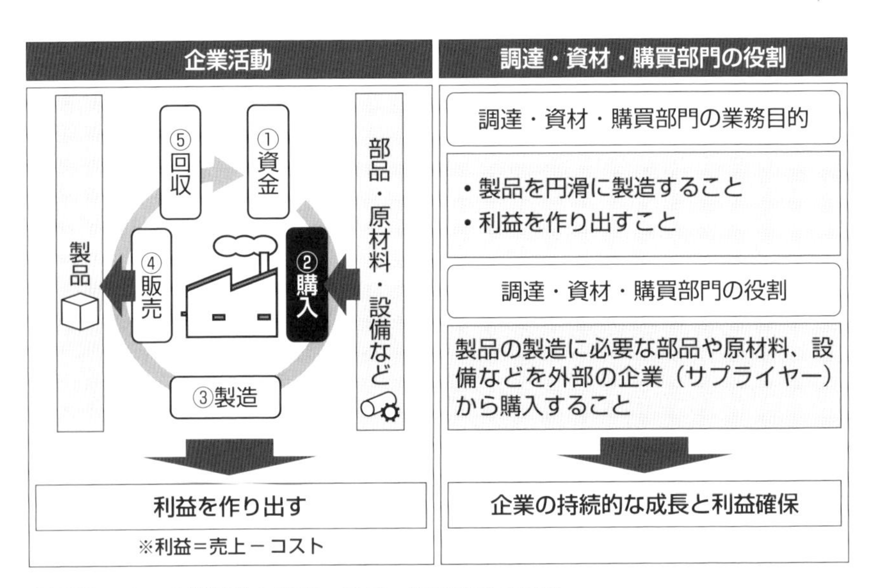

◆図表1-1　企業活動と調達・資材・購買部門の役割

ないため製品が製造できず、売上を上げることもできない、また高い価格で購入すれば利益も創出できなくなるなどの不都合が生じます。このことから、**企業の持続的な成長と利益確保にとって、調達・資材・購買部門は非常に重要な部門である**ことがわかります。

大阪船場の街に古くから伝わるビジネスの格言に「利は仕入れにあり」（利益は上手な調達から生まれる）があります。経営者は調達・資材・購買部門が利益創出にとって重要な部門の1つであると、昔から考えていたのです。

調達・資材・購買部門の変遷

製品の円滑な製造と利益創出のために、製品の製造に必要な部品や原材料、設備などをサプライヤーから購入する調達・資材・購買部門は、その目的や手段の違いによって、図表1-2のように、部門の名称を①**調度部**、②**購買部・資材部**、③**調達部**、④**サプライチェーン部、バリューチェーンインテグレーション統括本部**などと変化させてきました。

第1世代の「調度部」は、主に製造への貢献を目的とし、設計部や製造部などが決めたサプライヤーから、決められた購入価格で、指示されたもの、つまり決められたものを買う「**即物購買**」を主な部門機能としていました。たとえば、1889年（明治22年）に国内3番目の電力会社として開業した大阪電燈会社（松下電気器具製作所〈現パナソニック〉創業社長松下幸之助氏も在籍していた）の組織体制表には調度課石炭掛がありました。設計者の決めたサプライヤーから決められた購入価格で石炭などを調度課の担当者は買っていたと考えられます。

第2世代の「購買部」や「資材部」は、主に製造への貢献を目的としながらも、企業利益への貢献も目的に加えられ、要求元が必要とする仕様のものを、サプライヤーや購入価格を比較して有利なものを買う「**有利購買**」を部門機能としてきました。一例として、トヨタ自動車が1938年（昭和13年）に事務部の購買係と督促係から分離独立してできた購買部があります。今日でも購買部や資材部という名称を使用している企業は多くあります。

世代	第1世代	第2世代	第3世代	第4世代
年代	1880年頃～	1930年頃～	2000年頃～	2010年頃～
機能	即物購買	有利購買	仕様最適購買	全体最適化購買
説明	決められたものを買う	比較して有利なものを買う	目的に最適なものを買う	経営的に最適なものを買う
目的	製造への貢献 → 企業利益への貢献			
部門名	調度部	購買部・資材部	調達部	新しい調達（サプライチェーン部、バリューチェーンインテグレーション統括本部）

◆図表1-2　調達・資材・購買部門の部門名の変化

第3世代の「調達部」は、製造と企業利益双方に貢献することを目的とし、要求元が必要な仕様（品質）やコスト（購入価格）、発注から納入までの納期（リードタイム）、サプライヤー（購入先）を作り込む、つまり目的に最適なものを買う「**仕様最適購買**」を部門機能としてきました。例として、富士通が2001年（平成13年）に中期戦略目標『PI21（Procurement Innovation 21：調達改革21）』の中で集中購買を拡大させ、企業利益を作り出すために組織編成した調達部があります。トヨタ自動車をはじめ、現在多くの企業ではこの調達部という名称が使用されています。

第4世代の「新しい調達（サプライチェーン部、バリューチェーンインテグレート統括本部）」は、全体最適化の視点から企業利益に貢献することを目的とし、サプライチェーン（調達、製造、物流、販売といったモノの流れ）やエンジニアリングチェーン（開発、設計、調達、製造といった設計の流れ）、これらをあわせた流れであるバリューチェーンで最適なもの、つまり経営的に最適なモノを買う「**全体最適化購買**」を部門機能としています。例として、日立製作所が2011年にバリューチェーン全体で利益創出と社会的責任を果たすことを目標に組織編成したバリューチェーンインテグレーション統括本部があります。

本書では、この中から第4世代の「全体最適化購買」を部門機能とし、資材・購買業務領域のすべてを含む、「新しい調達部」の業務について解説しています。

1-2 新しい調達部門の役割と機能 ～全体最適化購買～

新しい調達の定義

全体最適化を部門機能とする第４世代の新しい「調達」（Procurement）とは、利益創出と製造および営業に必要なモノやサービスを外部の企業から入手するために、全体最適化の視点から購入仕様や契約条件を作り込み、適正なサプライヤーと購入価格を決定し、決められた契約条件で、必要な数量を必要な納期で購入することです。モノとは、部品（半導体やプリント基板他）、原材料（鋼材や樹脂他）、製造設備など、サービスとは、外注・アウトソーシング、工事、システム、ソフト、保守・点検、消耗品、備品などのことです。

定義前半の購入仕様や契約条件を作り込み、適正なサプライヤーと購

調達（Procurement、プロキュアメント）=A+B

A：ソーシング（Sourcing、外部資源活用）		B：パーチェシング（Purchasing 、購買）
調達契約		調達実行
購入仕様や契約条件の作り込み	適正なサプライヤーの選定と購入価格の決定	発注処理　納期管理　検収処理

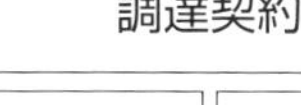

◆図表1-3　第４世代の新しい「調達」の定義

入価格を決定することを**ソーシング**（Sourcing）と呼び、購入品の適正な品質、コスト（価格）、納期の作り込みや適正なサプライヤーの選定、適正な購入価格の決定、サプライヤーと合意した条件で契約までを実施します（調達契約）。

一方、定義後半の決められた契約条件で、必要な数量を必要な納期で購入することは**パーチェシング**（Purchasing）と呼ばれ、発注処理や納期管理、検収処理などを実行します（調達実行）。

≫ 新しい調達部の２つの役割

新しい調達部の役割は、利益創出と製造および営業に必要なモノやサービスをサプライヤーから購入するために、**ソーシングとパーチェシングを実行・管理すること**です。企画・構想、開発・設計、調達、製造、物流の流れ（エンジニアリングチェーン：技術連鎖）の中では、調達部は①品質（仕様）、②コスト（購入価格）、③納期（リードタイム：発注から納入までの期間）を適正に作り込み、サプライヤーと契約するというソーシングの役割があります。

一方、サプライヤー、調達、製造、物流、販売、保守の流れ（サプラ

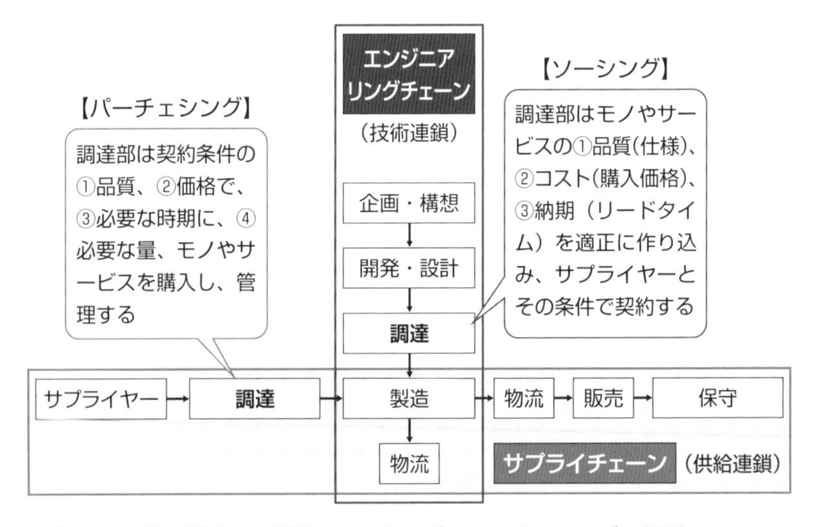

◆図表1-4　第４世代の調達部のソーシングとパーチェシングの役割

イチェーン：供給連鎖）の中では、調達部は①品質の良いものを、②適正な価格で、③必要な時期に、④必要な量購入し管理するパーチェシングの役割があります。

たとえば、感染症のパンデミック（世界的大流行）や世界情勢の緊迫化の影響を受け、部品や原材料などの購入品が工場に入ってこないといった、モノの供給の流れが止まる問題（サプライチェーンの混乱問題）が発生した場合、売上や利益を減少させないように、調達部は関連部門と連携し、サプライヤーや生産拠点、物流の最適化などによって、サプライチェーンの混乱を解決する役割があります。

新しい調達部門の機能

ソーシングとパーチェシングそれぞれの役割に関連した調達部門の機能は図表1-5の通りです。

購入仕様や契約条件を適正に作り込み、適正なサプライヤーと購入価格を決定するソーシング業務では、品質の良いものを安価に供給してくれるサプライヤーを開拓し選定すること、適正な価格を決定すること、取引契約を締結すること、購入品の品質（仕様）を設計者などと作りサプライヤーと合意すること、購入品の発注から入手するまでの期間（リードタイム）を決定すること、サプライヤーを管理（監査）すること、購入品のコスト低減活動、中長期的な開発計画にマッチした部品や原材料、設備などの調達を果たすための調達計画、社内で製作するものと外注で製作するものを決めること（内外製区分決定）、BCP（Business Continuity Plan：事業継続計画）対応などのリスク管理、調達業務規程の整備、外注管理、外部情報収集などの機能があります。

また、発注処理や納期管理、検収処理などを実行するパーチェシング業務では、製造部門の生産計画にマッチした部品や原材料などの調達を果たすための調達計画や、サプライヤーとの信頼関係を維持するためのサプライヤー管理、購入品の品質・価格・納期の改善、注文と検収、代金支払いなどの発注管理、BCP対応などのリスク管理などの機能があります。

調達部門の役割	機　能
ソーシング	①サプライヤー開拓と選定、②価格決定、③取引契約、④品質作り込み、⑤リードタイム決定、⑥サプライヤー管理（監査）、⑦コスト低減活動、⑧調達計画、⑨内外製区分決定、⑩リスク管理、⑪調達業務規程の整備、⑫外注管理、⑭外部情報収集など
パーチェシング	①調達計画、②サプライヤー管理、③品質・価格・納期の改善、④発注管理、⑤リスク管理など

◆図表1-5　第4世代の新しい調達部門の役割と機能

これらの機能の詳細については、第2章以降で具体的に説明します。

1-3 企業利益を作り出す調達部門 ～プロフィットセンター～

コスト低減＝利益の創出

購入品のQ：品質、C：コスト（購入価格）、D：納期を改善すると、自社製品のQCDも改善され、製品の競争力は向上します。製品競争力が向上すると、売上や利益も増加させることが可能になってきます（図表1-6左側）。第４世代の新しい調達部門は、この売上や利益を作り出すことを主な業務とすることから利益創出部門（**プロフィットセンター**）であるといえます。

調達部門の利益創出効果を図表1-6の右側に示します。たとえば、売価110円（利益10円、コスト100円）の製品を調達部門の購入品コスト低減活動で10%低減できた場合、20円の利益が作り出されることになります。この20円の利益を販売数量や売価（売上）アップで達成することを

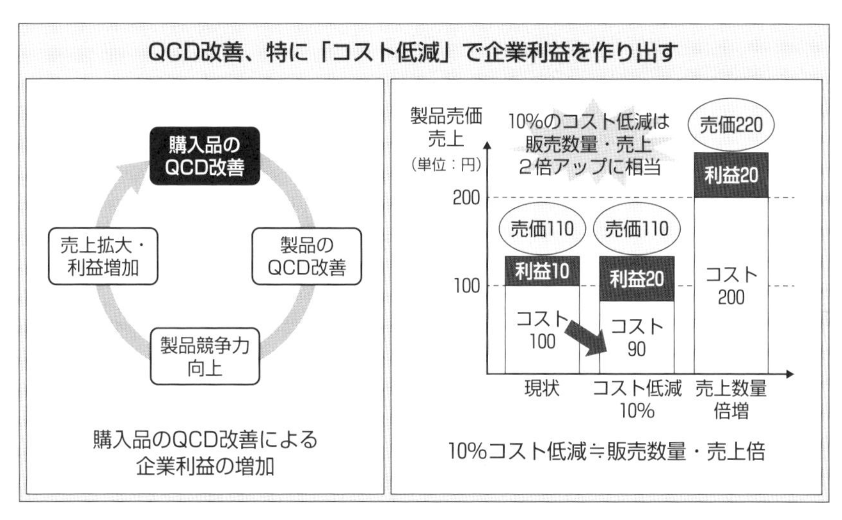

◆図表1-6　企業利益を作り出す第４世代の新しい調達部門

考えた場合、同じコスト構造では、2倍の販売数量あるいは2倍の売価（売上）が必要になります。つまり、購入品の10%のコスト低減は販売数量2倍や売価（売上）2倍に相当することになります。

このように調達部門の購入品のコスト低減活動は企業利益に大きく影響するため、非常に価値のある活動で、この活動が企業経営者が調達部門へ期待する最も大きな業務になります。

第2章

調達業務プロセス

本章では、部品や原材料の不足と価格高騰の時代でも納期遅延やコスト高を防止し、企業利益を創出するための有効な買い方（調達業務プロセス）や、モノやサービスを外部の企業（サプライヤー）から購入するための調達業務の手順について解説します。調達業務プロセスの再構築や納期遅延・コスト高問題の解決に活用してください。

2-1 調達業務プロセス～前工程ソーシングと後工程パーチェシング～

ソーシングとパーチェシングの効果

調達業務プロセスとは、企業がサプライヤーから自社製品の製造や営業に必要なモノやサービスを購入するための手順のことです。この手順には1-2で触れたソーシングとパーチェシングの２つの基本ステップがあります。

製造プロセスの前工程であるソーシングには、サプライヤーおよび購入価格、購入仕様などの契約条件を決定するために、①対象選定、②チーム編成、③計画立案、④現状調査、⑤現状分析、⑥調達戦略立案、⑦サプライヤー調査、⑧サプライヤー分析、⑨サプライヤー・価格決定の９つのステップがあります。これらのステップにより、適正なコスト（価格）や品質（仕様）、納期（リードタイム）を作り込みます。契約条件が決定される前の段階なので、仕様やサプライヤーの変更によるコスト低減活動など、さまざまな調達戦略が実施可能なことから、コスト低減の可能性（コスト低減ポテンシャル）や企業利益への貢献が大きいです。

特に、製品の企画構想段階や開発設計段階など、上流の早い段階から設計、製造、品質保証、営業などの社内の関連部門やサプライヤーなどと共同で、購入品の仕様とコストを作り込むことを**開発調達**（アーリーソーシング）と呼びます。部品や原材料の不足と価格高騰下では、この開発調達が納期遅延問題やコスト高問題の解決に役立ちます（詳しくは第11章で説明します）。

一方、調達プロセスの後工程であるパーチェシングは、ソーシングで決定した契約条件で購入するモノやサービスをサプライヤーに①注文（発注）し、②納期管理し、③発注通りに納品されたかを確認する検収までの３つのステップになります。パーチェシングは契約条件が決定された後の段階なので、コスト低減のための仕様やサプライヤーの変更には、評価費用などの切替評価に関わるコストが発生するため、費用対効果の面から大きな変更は困難です。そのため、パーチェシングはコスト低減の効果が低くなります。しかし、パーチェシングは実際に部品や原材料などをサプライヤーに注文し、製造部門や営業部門に必要な期日までに供給することで、製品の製造や売上アップに貢献する重要な業務であるといえます。

調達現場では、調達担当者がソーシングとパーチェシングの両者を担当した場合、成果がわかりやすいことや手間があまりかからないことから、パーチェシングのほうを優先してしまう傾向があります。そのため、利益創出を強化する企業の調達部では、**ソーシングとパーチェシングの組織を分けてそれぞれ専任化し**、ソーシングはコスト低減活動などの利益貢献を強化した社内組織に、パーチェシングは手配処理や納期対応などの製造貢献を強化した外部組織、つまりアウトソーシング（外部企業への業務委託）する傾向があります。

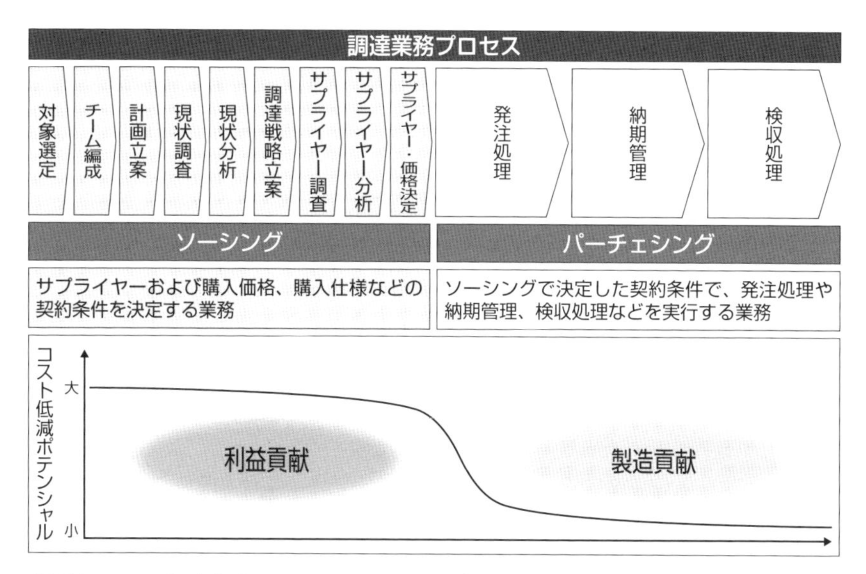

◆図表2-1　調達業務の前後程と後工程のプロセス

2-2 ソーシングプロセス～サプライヤーや価格を決定する～

❯❯ ステップ1：対象選定

前節で述べたように、ソーシングは9つのステップで実施します。

最初のステップは**対象選定**です。対象選定の目的はソーシングの対象となる品目を選定することです。品目とは部品や原材料、設備などの名称や種類のことです。

対象選定の起点には、図表2-2に示すように、開発設計部や製造部などの**調達部以外の要求元からの依頼**と**調達部の部門方針**の2種類があります。前者からの依頼（A）では、要求元の新規サプライヤー開拓や部品・原材料開発、部品材料のコスト低減などを目的としたソーシングの依頼を受け、対象品目を選定します。一方、後者の調達部の部門方針（B）では、調達実績データや原価構造、中期経営計画や年度予算などから、効果的なコスト低減や業務の効率化といった調達部の部門方針から対象品目を選定します。後者の調達部が起点で、製品の企画構想段階などの早期の段階からソーシングに取り組むことが開発調達（アーリーソーシング）の取り組みになります。それぞれの手順は次の通りです。

【対象選定の手順（A）】

①要求元から依頼を受ける

②対象品目を選定する

選定例：要求元の設計者が開発時に選定

【対象選定の手順（B）】

①コスト低減などの調達部門方針を決定する

②対象品目を選定する

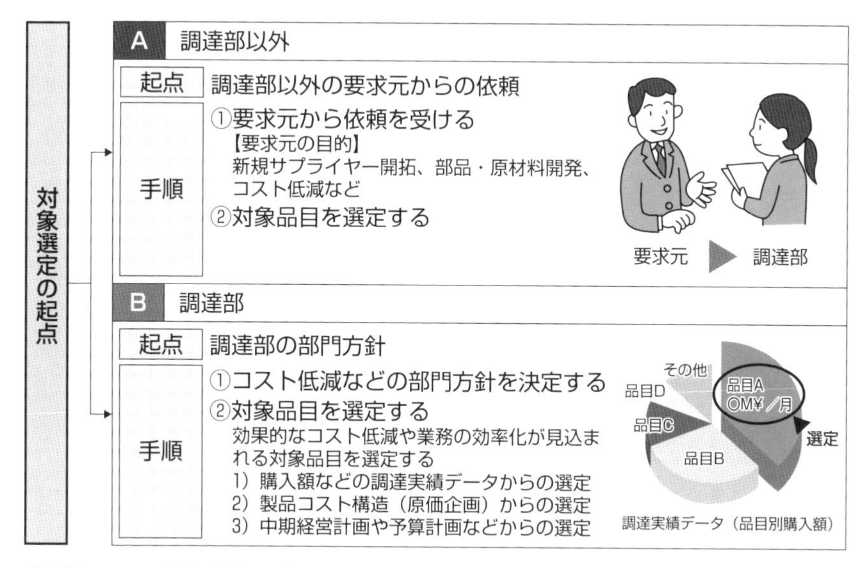

◆図表2-2　対象選定の手順

選定例：購入額などの調達実績データからの選定、製品コスト構造（原価企画）からの選定、中期経営計画や予算計画などからの選定

調達現場では、品目ごとの年間購入額やコスト低減ポテンシャルの高額な順にグラフを作成し、それぞれ高いものから順に対象選定の品目を検討し、費用対効果を考えて対象品目を選定します。このように重要項目の順番に並べて分析する方法を**ABC（重点）分析**と呼びます。

図表2-3では、品目Aの年間購入額が最も大きいことがわかります。したがって、品目Aを対象品目として選定するとコスト低減効果も大きいことが予想できることから、まずは品目Aを対象品目にすることを検討します。ただ、年間購入額が大きい品目は、既に十分なコスト低減活動が実施されており、新しい施策によるコスト低減の余地が少ない場合が多いため、コスト低減ポテンシャルも踏まえて対象品目を検討する必要があります。同様に、年間購入額が大きい品目B、Cについて、コスト低減ポテンシャルを考慮しながら順に検討していきます。

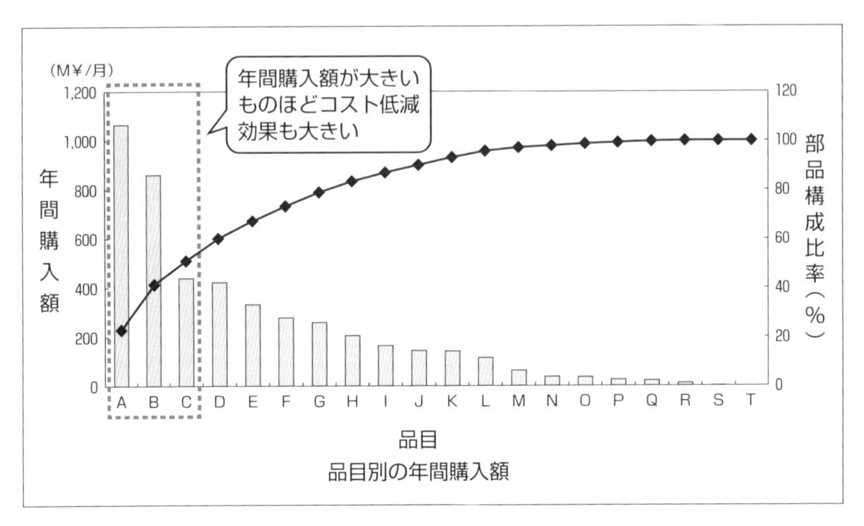

◆図表2-3　対象選定で活用するABC（重点）分析の考え方

≫ステップ2：チーム編成

第2ステップは**チーム編成**です。チーム編成の目的は対象となる品目に関する知識と経験を有する人を集め、活動するチームを作ることです。調達担当者が対象品目についての知識や経験が十分にある場合はチームを編成せず、調達担当者のみでソーシングを進め、必要なときだけ担当者に相談して活動を進めていきます。

一方、調達担当者が対象品目についての知識や経験が少ない場合は、次の5つの手順で、調達部、開発・設計部、製造部、品質保証部、保守サービス部、営業部などの担当者でチームを編成し、品目の専門知識や経験の不足を補います。

【チーム編成の手順】

①ソーシング活動に必要な部門を選出する
②ソーシング活動に必要な担当者と管理者を選出する
③ソーシング活動に必要な担当者と管理者の承諾を得る
④ソーシング活動に必要な担当者と管理者の日程を調整する

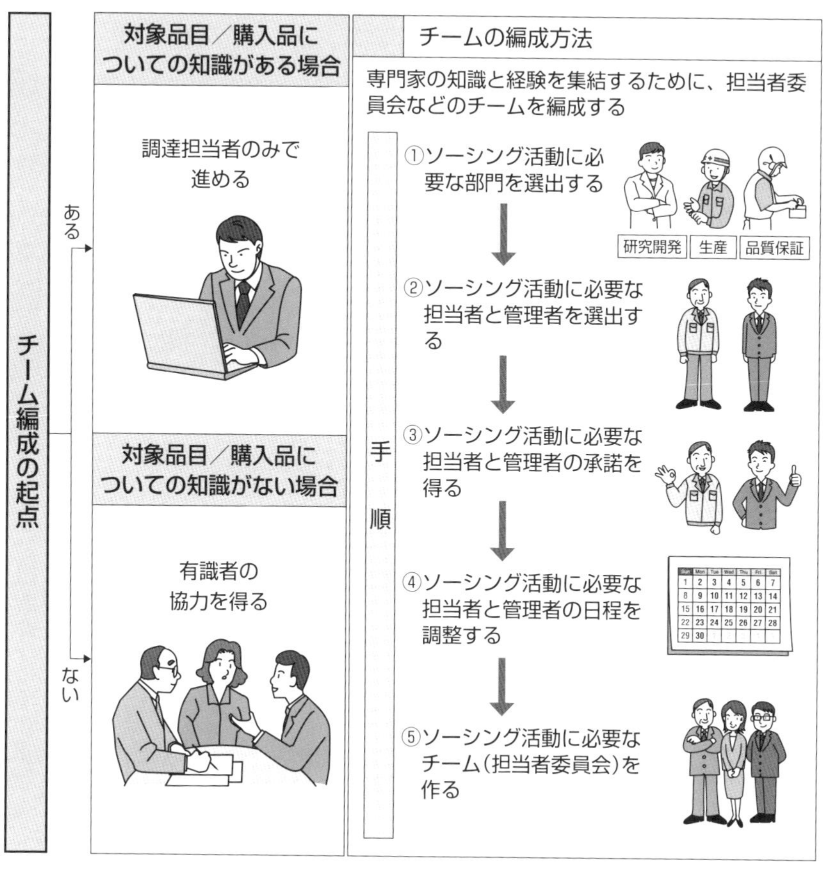

◆図表2-4　チーム編成の手順

⑤ソーシング活動に必要なチーム（担当者委員会）を作る

調達現場では、チーム編成をする場合、対象品目に関する専門知識や経験を持っている人、俯瞰的に捉え広く情報収集できる人、リーダーの考えに協力的に行動できる人がチームにいるとソーシング活動がうまくいくことが多いといわれています。またアフリカのことわざ、「早く行きたければ一人で進め。遠くまで行きたければみんなで進め」のように、目標の大きさやスピードによって、チーム編成の人数を考える必要があります。

ステップ3：計画立案

第3ステップは**計画立案**です。計画立案の目的はソーシング活動の目標達成のための活動計画書を作成することです。活動計画書は目標達成に必要な項目と担当者、期限などをメンバー全員で考えて共有することで、活動遅延などの問題の見える化や問題解決にチーム全員で取り組めるようにします。一人で活動する場合でも、自己管理のために計画書を作成したほうが良いです。計画立案は次の4つの手順で実施します。

【計画立案の手順】

①活動目標を設定する
②目標を達成するために必要な項目を洗い出す
③担当者と期限などをメンバー全員で決める
④活動項目と担当者、期限などを活動計画書にまとめる

調達現場では、計画立案の際、活動担当者（責任者）に活動内容と締切期限の了解を得てから**実行計画書**（アクションプラン）を作成するようにしています。活動が計画通り進まない企業では、この実行計画書の活動担当者と締切期限を本人の了解なしに決めている場合が多いです。特に、担当者が兼務業務として本活動のチームメンバーになっている場合、本活動以外の業務で既に業務時間が埋まってしまっている可能性があるので、時間配分の調整が必要です。

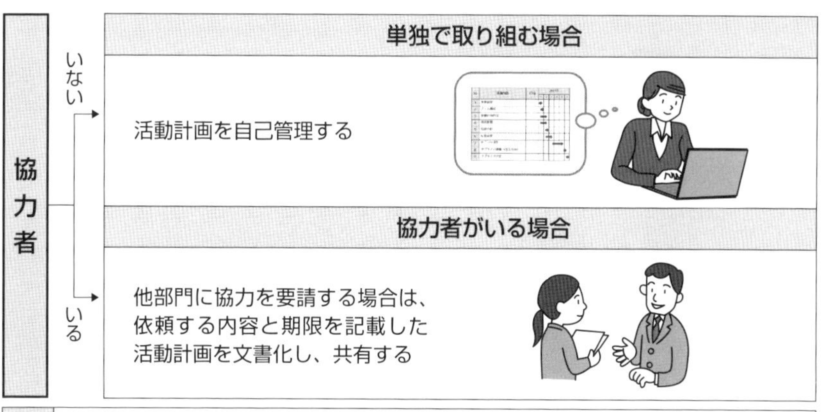

計画書の作成方法

目標を達成するために必要な項目と担当者、期限をメンバー全員で共有化するために計画書を作成する

手順

①活動目標を設定する
②目標を達成するために必要な項目を洗い出す
③担当者と期限などをメンバー全員で決める
④活動項目と担当者、期限などを実行計画書にまとめる

No.	活動内容	担当	期限	2023年					
				1	2	3	4	5	6
1	対象選定								
2	チーム編成								
3	計画立案								
4	現状調査								
5	現状分析								
6	調達戦略立案								
7	サプライヤー調査								
8	サプライヤー分析								
9	サプライヤー・価格決定								

◆図表2-5　計画立案の手順と記入例

≫ステップ4：現状調査

第4ステップは**現状調査**です。現状調査の目的は対象品目に関するさまざまな情報を収集することです。これにより、対象品目の現状を把握します。現状調査は次の4つの手順で実施します。

【現状調査の手順】

①購入実績がある場合は、対象品目の調達実績データ、品質・コスト・納期、購入仕様など社内にあるすべての情報を調べる
②購入実績がない場合は、類似品の購入実績があれば、類似品目の調達実績データ、品質・コスト・納期、購入仕様など社内にあるすべての情報を調べる
③購入実績がなく、類似品の購入実績もなければ、要求元に購入仕様などを確認する
④調査した結果を整理し、チームメンバーで共有する

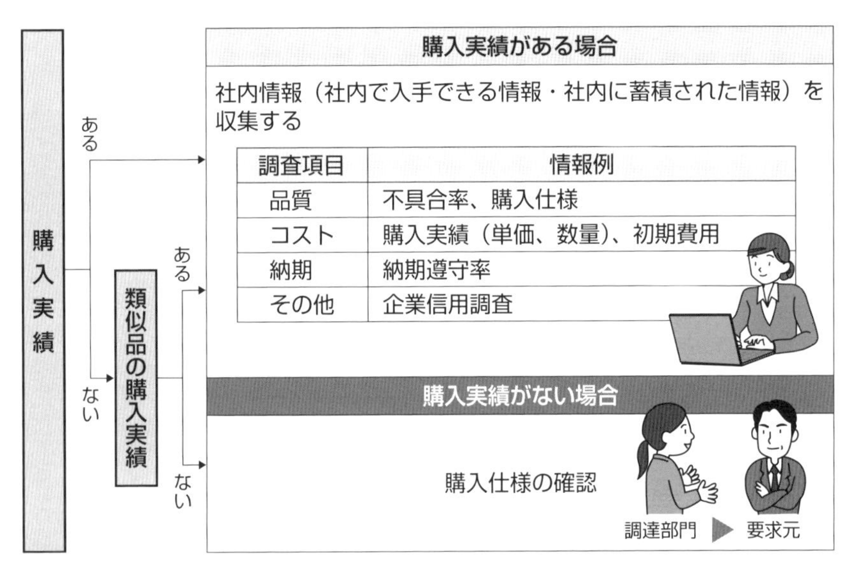

◆図表2-6　現状調査の手順

調達現場では、推奨サプライヤーを選定するために対象部品のサプライヤー別購入実績や推奨仕様を選定するための**仕様別購入実績**（図表2-7）を調査してまとめます。まとめる際のポイントは、購入実績金額に着目し、購入額が大きいサプライヤーや仕様を推奨サプライヤーや推奨仕様にすることです。

サプライヤー別購入実績

サプライヤー名	購入額(M¥/月)
Aサプライヤー	12
Bサプライヤー	9
Cサプライヤー	8
Dサプライヤー	7
Eサプライヤー	5
Fサプライヤー	3
Gサプライヤー	1

目的 推奨サプライヤー選定

仕様別購入実績

仕様	購入額(M¥/月)
X仕様	15
Y仕様	11
Z仕様	1
XX仕様	0.8
XY仕様	0.5
YY仕様	0.3
YZ仕様	0.1

目的 推奨仕様選定

◆図表2-7　サプライヤー別および仕様別の購入実績の金額例

≫ステップ5：現状分析

第5ステップは**現状分析**です。現状分析の目的は現状調査で収集したさまざまな情報から、対象品目についての自社の問題・課題を分析することです。対象品目の現状を把握するとともに、問題・課題の解決の視点を考えます。また、最適な購入仕様を考え、不要な仕様や特殊仕様を排除できないか検討します。現状分析は次の2つの手順で実施します。

【現状分析の手順】

①購入実績がある場合は対象品目の品質・コスト・納期、購入仕様などのさまざまな情報から最適な購入仕様を考え、不要な仕様や特殊仕様を排除できないか検討する

②購入実績がない場合は、要求元に仕様を確認し、最適な購入仕様を考え、不要な仕様や特殊仕様を排除できないか検討する

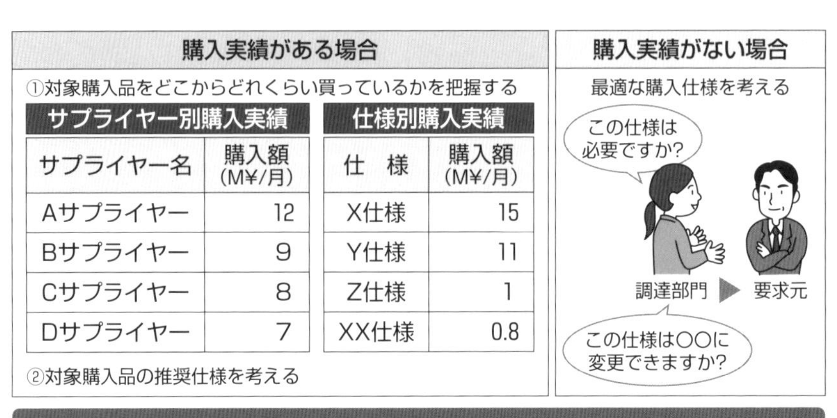

サプライヤー名	購入額 (M¥/月)
Aサプライヤー	12
Bサプライヤー	9
Cサプライヤー	8
Dサプライヤー	7

仕　様	購入額 (M¥/月)
X仕様	15
Y仕様	11
Z仕様	1
XX仕様	0.8

◆図表2-8　現状分析の手順

調達現場では、図表2-9のように、**コストドライバー**（コストに影響を及ぼす因子）になる仕様を考え、その仕様の安価なものから高価なものまでを調べ、仕様とコストの関係を整理します。これを参考に最適な仕様を考えます。このようにコストを可視化することで、企画構想段階

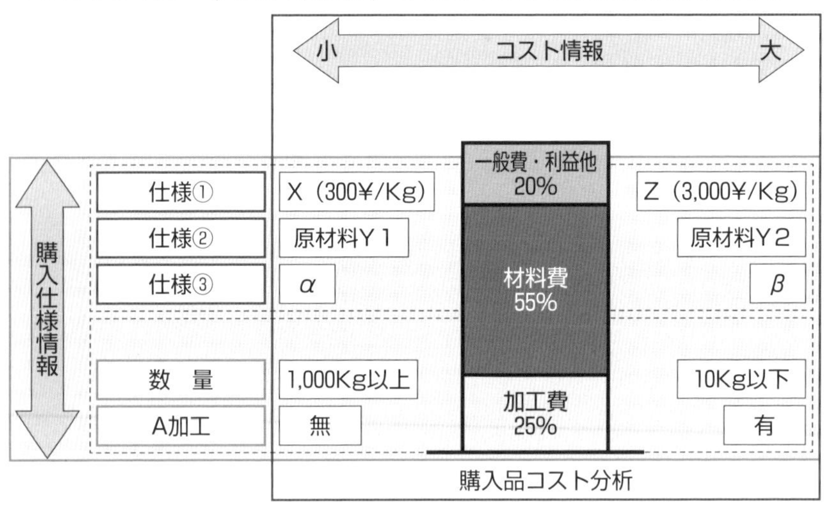

◆図表2-9　コストと仕様の関係図

や開発設計段階で部材を選定する際、安価な仕様が優先して検討されるようになります。

❯❯ ステップ6：調達戦略立案

第6ステップは**調達戦略立案**です。調達戦略立案の目的は購入品の品質・コスト・納期の最適化のために、どのような手法を活用するかを考えることです。およそ40種類ある調達戦略（図表2-10）の中から有効な手法を選び、仮のゴールを設定します。

	ソーシングで使用可能な戦略			パーチェシングで使用可能な戦略
調達戦略事例	①まとめ購買 ②商流変更 ③アカウント購買 ④SRM ⑤機能購買 ⑥取引契約条件の見直し ⑦競合購買 ⑧仕様最適化 ⑨原価分析購買 ⑩サプライヤー改善指導 ⑪サプライヤーVE提案 ⑫集中集約購買 ⑬共同購買 ⑭データ指向購買 ⑮リバースオークション ⑯シェアリング購買	⑰アウトソーシング購買 ⑱グリーン購買 ⑲内示・確定発注 ⑳ミルクラン輸送 ㉑グローバル購買 ㉒トップ交渉 ㉓線形価格分析購買 ㉔開発購買 ㉕VR購買 ㉖VE ㉗ティアダウン ㉘ベンチマーキング ㉙新規サプライヤー開拓 ㉚特殊仕様の排除	㉛VMI ㉜PLM ㉝コンカレントエンジニアリング ㉞MRP ㉟BCP ㊱調達エンジニアリング ㊲SCM ㊳戦略購買 ㊴グループシナジー経営 ㊵M&A	①まとめ購買（物量集中購買） ②アカウント購買（品目横断のまとめ購買）

◆図表2-10　40の調達戦略

ここでは調達戦略で最もよく使われている**集中集約購買**の調達戦略立案の手順を示します。集中集約購買の調達戦略は特定品目の社内の物量を1つにまとめ（集中化）、取引するサプライヤーを各仕様で2～3社になるようにサプライヤーをまとめる（集約化）ことで、1社当たりの取引額を増加させ、ボリューム効果と競合環境を同時に創出することで調達コストの低減を図ろうとする戦略のことです。調達戦略立案は次の4つの手順で実施します。

【集中集約購買の調達戦略立案の手順】

①購入対象品の調達戦略を考える

②調達戦略（集中集約購買）を加味した候補サプライヤーを考える

③候補サプライヤーを評価する評価項目（図表2-11）を考える

④ゴールの仮説を立てる

調査項目	サプライヤー調査情報
品質	工場審査、推奨仕様の技術力の有無
コスト	推奨仕様の価格
納期	標準リードタイム、最短リードタイム
その他	営業窓口対応、生産拠点

◆図表2-11　サプライヤー評価に使用する調査項目例

調達現場では、たとえば、2つの仕様で図表2-12のようなマトリックス表を作り、サプライヤーの競合環境が創出できるよう、各仕様の組み合わせで2～3社のサプライヤーを選定します。この表のことを**調達戦略マップ**と呼び、これを社内関係者に発信することで、調達部の推奨するサプライヤーの活用を促進しています。

推奨仕様／ロット	X仕様	Y仕様
大	Aサプライヤー Bサプライヤー	Cサプライヤー Dサプライヤー
中	Eサプライヤー Fサプライヤー	Gサプライヤー Hサプライヤー
小	Iサプライヤー Jサプライヤー	Kサプライヤー Lサプライヤー Mサプライヤー

◆図表2-12　調達戦略マップ（仕様ごとの推奨サプライヤー）例

ステップ7：サプライヤー調査

第7ステップは**サプライヤー調査**です。サプライヤー調査の目的は購入品の品質・コスト・納期の最適化のために、対象品目に関するサプライヤーなどの社外情報を収集することです。候補サプライヤーからサプライヤー選定に必要な情報を収集し、候補サプライヤーや対象品目の市場の現状を把握します。サプライヤー調査は次の6つの手順で実施します。

【サプライヤー調査の手順】

①サプライヤーの調査項目（図表2-13）を決める
②サプライヤー調査フォーマット（図表2-14）を作成する
③サプライヤーへ調査フォーマットへの記入を依頼する
④サプライヤーを訪問し、現場で調査内容を確認する
⑤サプライヤーから調査フォーマットを回収する
⑥調査フォーマットの結果をまとめる

調査項目	社内情報例	サプライヤー調査例
品質	不具合率、仕様	工場規模、設備、ISO取得、推奨仕様の技術力の有無
コスト	月額購入額、単価、初期費用	推奨仕様の価格
納期	納期遵守率	標準リードタイム、最短リードタイム
その他	企業信用調査	営業窓口対応、生産拠点、供給元となる国の税法、関税、商慣習

◆図表2-13　サプライヤー調査項目と各調査例

No.	大項目	中項目	小項目	記入例	例を参考に下記にご記入ください。
1	記入日			2023年4月1日	
2	記入者			○○○○	
3	所在地	本社			
		工場	国内	○○（○○市）、 ○○（○○市）	
			海外	○○（○○国）	
		事業所数	国内	2	
			海外	1	
4	資本金（M¥）			130	
5	社員数（人）	全体		4,800	
		品質保証部門		50	
6	22年度（or最新） 売上高（M¥/年）			20,000	
7	主要顧客			XX電機、 XX工業	
8	最終製品			医療機器、…	
9	国際規格認証 取得状況			9002：○ 14004：○	
10	生産能力（㎡/月）	全体		能力：20,000㎡ 稼動：12,000㎡	
		両面（%）		20	
		4層（%）		50	
		6層（%）		10	
		8層（%）		5	
		10層以上（%）		5	
		ビルドアップ層(%)		10	
		金属（%）			
		片面（%）			
11	納期（4層基板）	試作	実稼動	最短7日	
		量産	実稼動	最短20日	
	納期 （ビルドアップ基板）	試作	実稼動	最短10日	
		量産	実稼動	最短30日	
⋮					
19	特記事項、その他				

◆図表2-14　サプライヤー調査フォーマットの例

調達現場では、**三現主義を徹底させること**がサプライヤー調査で重要だといわれています。三現主義とは「現場に足を運び、場を確認する。現物を手に取り、モノを確認する。現実をこの目で見て、事実を知る」という考え方で、現場、現物、現実の視点が重要であるということです。特に海外サプライヤーの場合は商慣習や文化が異なるため、入手した資料だけでなく、現地を実際に訪問し、自分の目で現場、現物、現実を確認し、品質・コスト・納期の真の実力を把握しておく必要があります。

ステップ8：サプライヤー分析

第8ステップは**サプライヤー分析**です。サプライヤー分析の目的はサプライヤー調査で収集したさまざまな情報から、サプライヤーの問題・課題を分析することです。サプライヤーの現状を把握するとともに、問題・課題の解決の視点を考えます。また、サプライヤー評価結果（図表2-15）から最適なサプライヤーを検討し、調達戦略立案で考えた仕様ごとに最適なサプライヤーを選びます。サプライヤー分析は次の2つの手順で実施します。

【サプライヤー分析の手順】

①サプライヤー調査結果から調達戦略立案で考えた仕様ごとの最適なサプライヤーを選定する

②各サプライヤーの問題・課題を抽出し、その解決をチームメンバーで考え、対策を講じる

分　類	調査区分	評価項目	5段階評価	重み付け（配点）	最終評価
品質	社内調査	不具合率	5	5	5
	サプライヤー調査	工場審査	5	5	5
		標準仕様の技術力の有無	3	5	3
コスト	サプライヤー調査	標準仕様の価格	4	5	4
		初期費用	5	3	3
納期	社内調査	納期遵守率	5	5	5
	サプライヤー調査	標準リードタイム	4	4	3.2
		最短リードタイム	2	1	0.4
その他	社内調査	企業信用調査	5	3	3
		営業窓口対応	3	5	3
…	…	…	…	…	…
				サプライヤー評価結果	73/100点

◆図表2-15　サプライヤー評価結果例

調達現場では、対象品目によって評価項目の5段階評価に**重み付け**を行っています。図表2-15の例のように、チームで議論し最短リードタイムがそれほど重要でないと判断した場合は、この項目の重み付けを低くして最終評価点を算出しています。

ステップ9：サプライヤー・価格決定

第9ステップは**サプライヤー・価格決定**です。サプライヤー・価格決定の目的はサプライヤーと購入価格、契約条件などを決定し、関係者に情報発信することです。サプライヤー・価格決定は次の3つの手順で実施します。

【サプライヤー・価格決定の手順】

①立案した調達戦略の妥当性や効果を確認するために、実際の案件で見積書を候補サプライヤーに依頼する

②すべてのサプライヤー分析結果から調達戦略立案で考えた仕様ごとの最適なサプライヤーとの購入価格、契約条件をチームメンバーで協議

◆図表2-16　サプライヤー・価格決定の手順

し、合議を得る

③各仕様のサプライヤーと購入価格、契約条件を決定する

調達現場では、決定したサプライヤーや購入価格などを周知徹底するために、社内の関係者に情報発信しています。たとえば、品目別担当者会議を全社で開催し、その中でサプライヤーや購入価格の情報を発信し、調達部の推奨サプライヤーの活用を促進しています。また他の会議やWeb社内報、通達文書などで情報発信している企業もあります。

各種会議でのアナウンス

◆図表2-17　各社の情報発信の方法例

以上のソーシングプロセスの流れを図表2-18と図表2-19にまとめます。

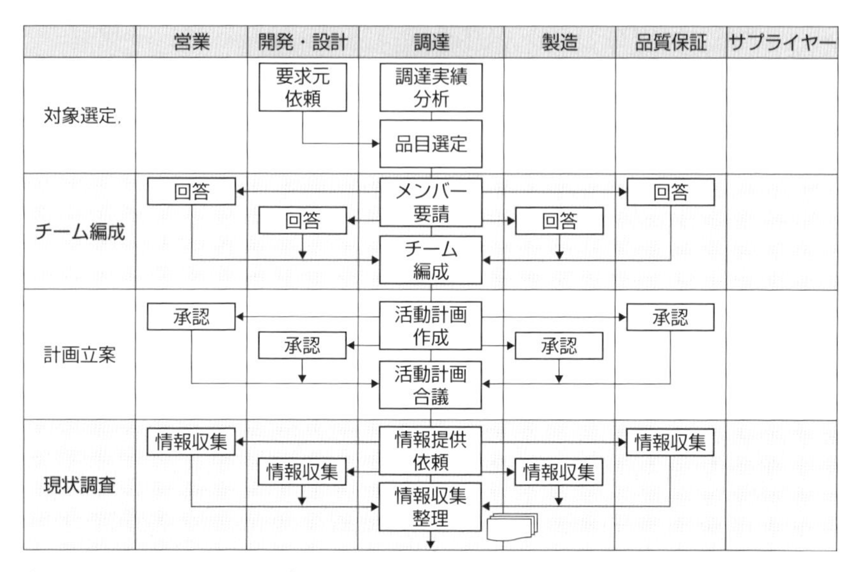

◆図表2-18　ソーシングプロセス（前半）の流れの例

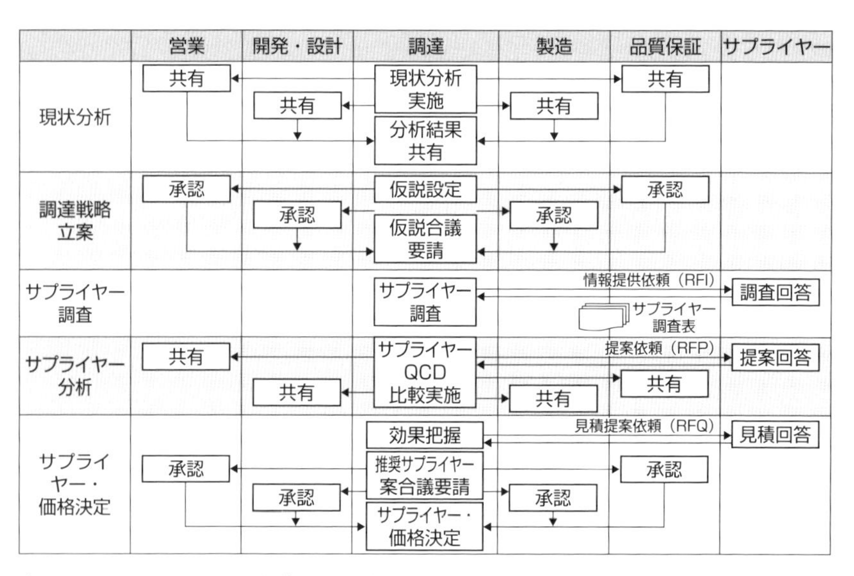

◆図表2-19　ソーシングプロセス（後半）の流れの例

2-3 パーチェシングプロセス ～発注から検収まで～

›› パーチェシングプロセスの3つのステップ

パーチェシングは、ソーシングで決定した契約条件で購入するモノやサービスをサプライヤーに注文する①**発注処理**、発注から納入されるまでの納期フォローなどの②**納期管理**、発注通りに納品されたかを確認する③**検収処理**までの3つのステップになります。

パーチェシングプロセスの第1ステップは発注処理です。発注処理の目的は**要求元が購入したいモノやサービスをサプライヤーに注文すること**です。決定されたサプライヤーと購入価格、契約条件で発注します。現在、多くの企業では発注処理は各種調達システムを使用して実施しています。

第2ステップは納期管理です。納期管理の目的は**発注したモノやサービスの納期およびその他の契約条件を確実に履行させること**です。調達現場では、ソーシング時に納期遅延問題を十分に解決していないと、パーチェシングの納期管理の負荷が非常に大きくなる場合があります。納期管理については第6章で詳しく説明します。

第3ステップは検収処理です。検収処理の目的は**発注したモノやサービスの納品物を確認すること**です。検収処理では、受入検査で不合格品が発生した場合には、直ちにサプライヤーに連絡して、不合格品の引取りや代替品の迅速な納入および再発防止策の実施などをフォローすることが大切です。

調達現場では、ソーシング時に品質不良問題を十分に解決していないと検収時に不具合品が発生し、パーチェシングの検収の負荷が非常に大きくなる場合があります。

このように、前工程のソーシングプロセスが十分に実施されていないと、後工程であるパーチェシングプロセスの業務負荷の量が非常に大きくなることがわかります。

部門ごとのパーチェシングプロセスの流れの例を図表2-20に示します。調達部門の列に①の発注処理と②納期管理、また検収部門（企業によって調達部あるいは品質保証部の所属となる）の列に③の検収処理が記載されています。

他にもパーチェシングプロセスでは、在庫管理として主要部材は常備化し、合理的に在庫の運用を図り、部材在庫回転率の向上を図っています。また、利材処理として工場内で発生する作業くずなどの回収、整理、リサイクルを実施しています。

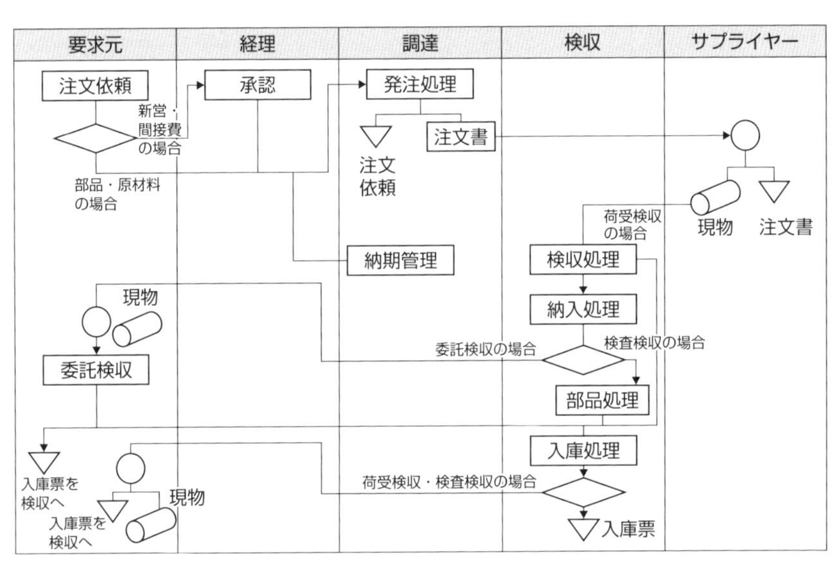

◆図表2-20　パーチェシングプロセスの流れの例

2-4 海外調達のプロセス ～契約条件に注意～

海外調達のメリットとデメリット

海外調達（グローバル購買）とは、購入品の品質・コスト・納期の向上や専門技術の活用などのために、海外サプライヤーからモノやサービスを購入することです。海外調達のメリットは、日本と比較して物価や賃金の低い国から部材を調達することでコスト低減を実現することや、日本では開発されていない先端技術を有する海外サプライヤーから「特殊技術製品」などを調達できることなどがあります。

一方、デメリットは、為替や世界情勢の影響を受けることや、日本の品質基準では不良品となる部材が納入されることがあり、不良品の割合も高くなる場合があることです。また国内調達と比べ、物流や通関など異なるプロセスがあることから、厳密なスケジュール管理が困難な場合もあり、注文した部材や完成品を納期通りに入手するためには、サプライヤーの製品の進捗状況を正確に把握しておく必要があることなどがあります。

海外調達の形態には、**OUT-IN**と呼ばれる海外サプライヤーから国内工場の調達部門が直接的に調達する取引と、**OUT-OUT**と呼ばれる海外サプライヤーから自社の海外工場の調達部門が直接的に調達する取引の2種類があります。

調達現場では、最安コストを追求する場合はOUT-OUTの取引形態となりますが、世界情勢の影響など地政学リスクや品質リスクは高くなるので社内で十分検討する必要があります。

調達形態	直接取引	間接取引
OUT-IN	海外サプライヤーから**国内**工場の調達部門が直接的に調達する取引	海外サプライヤーから商社やIPOを経由して、**国内**工場の調達部門が間接的に調達する
OUT-OUT	海外サプライヤーから**海外**工場の調達部門が直接的に調達する取引	海外サプライヤーから商社やIPOを経由して、**海外**工場の調達部門が間接的に調達する

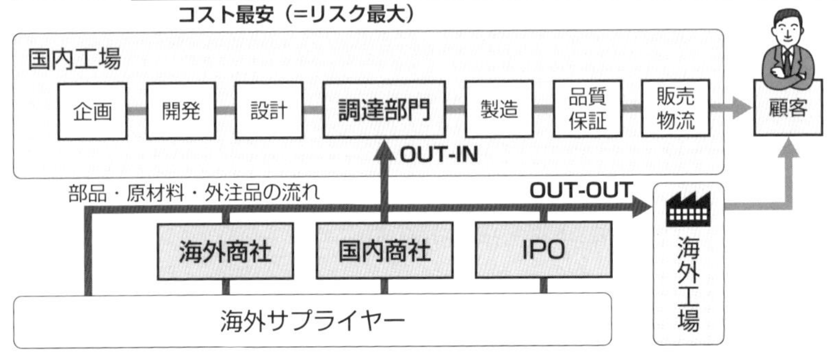

※BPO（Business Process Outsourcing：業務の外部委託）
※IPO（International Procurement Office：グローバル調達拠点）

◆図表2-21　海外調達の取引形態

海外調達の流れ

海外調達の流れを貨物の流れ、書類の流れ、お金の流れと3種類に分けて図表2-22に示します。国内調達との大きな違いは契約条件です。海外調達の契約条件では、**工場渡し**（EXW：EX Works）と呼ばれる海外サプライヤーの出荷工場までの契約条件、**本船渡し**（FOB：Free On Board）と呼ばれる海外サプライヤーが出荷する船着き場までの契約条件、**運賃保険料込み**（CIF：Cost Insurance and Freight）と呼ばれる日本の船着き場までの契約条件の3種類が主に使われています。

また、見積書の内容も海外調達の場合は国内調達と異なり、海上保険や関税手続きなどの費用が加わるので、見積価格を比較する際は、**契約条件（契約の対象範囲）を統一する**必要があります。

海外調達では、サプライヤー選定のために各社の基本情報などの情報を提供してもらうための要請書を**RFI**（Request for information：情報提供依頼）、サプライヤーから仕様や製品を提案してもらうための要請書を**RFP**（Request for proposal：提案依頼）、見積書を提出してもらうための要請書を**RFQ**（Request for quotation：見積依頼）と呼び、サプライヤーに提出します。国内調達でも同様な書類を提出していますが、海外調達の場合、トラブル防止のために、**これらの書類で必要な購入仕様や条件を不足なく記載しておくことと、その内容を合議しておくこと**が特に重要です。

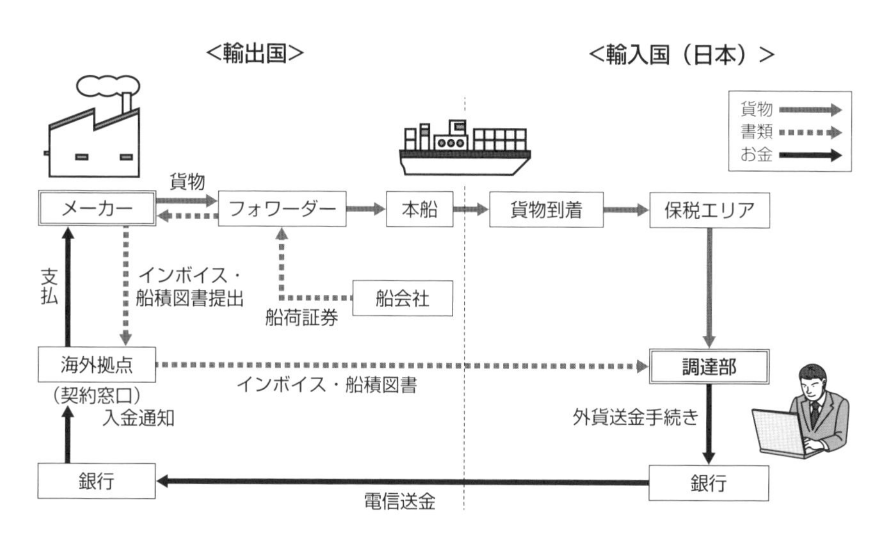

◆図表2-22　海外調達の流れ

第3章

サプライヤー(取引先)の選定・評価

本章では、第2章で紹介した調達業務プロセスの中で、サプライヤー（取引先）を選定・評価する方法について解説します。利益創出のためには、サプライヤーの評価・見直しが欠かせません。そのためにも新規サプライヤーの選定手順や既存サプライヤーの評価手順をしっかりと押さえておく必要があります。本章の内容をもとに、新規サプライヤーの選定や既存サプライヤーの取引継続評価に活用してください。

3-1 サプライヤー選定・サプライヤー評価とは? ～新規採用と取引継続の判断～

» サプライヤー選定とサプライヤー評価の目的

サプライヤー選定とは、購入仕様を満たす製品やサービスを提供するサプライヤーを新たに探し出し、QCD（品質・コスト・納期）や経営力などの企業評価により、最適なサプライヤーを設定することです。

その目的は、製品競争力強化のために外部サプライヤーの技術力やコスト力を活用すること（**最適なサプライヤーの発掘**）、取引開始後に発生する、納期遅れや品質トラブルなどの問題を未然防止すること（**良好な取引関係の構築**）、購入品の原価構成比率が拡大傾向にあるために、コスト力のあるサプライヤーを選定すること（**利益創出**）などがあります。

目　的	必要性
最適なサプライヤーの発掘	製品競争力強化のために外部サプライヤーの技術力やコスト力を活用する
良好な取引関係の構築	取引開始後に発生する、納期遅れや品質トラブルなどの問題を未然防止する
利益創出	購入品の原価構成比率が拡大傾向にあるために、コスト力のあるサプライヤーを選定する

◆図表3-1　サプライヤー選定の目的

次に、**サプライヤー評価**とは、良好な取引関係の継続やサプライヤーのQCDレベル向上のために、客観的に評価ができる項目と評価基準を設定し、定量的にサプライヤーを審査することです。

その目的は、サプライヤー選定時の評価レベルからの低下を防止すること（**良好な取引関係の継続**）、サプライヤーの改善活動のための現状把握と問題抽出をすること（**サプライヤーのQCDレベル向上**）、サプライヤーのコスト低減活動の現状把握と問題抽出をすること（**利益創出**）などです。

目　的	必要性
良好な取引関係の継続	サプライヤー選定時の評価レベルからの低下を防止する
サプライヤーのQCDレベル向上	サプライヤーの改善活動のための現状把握と問題抽出をする
利益創出	サプライヤーのコスト低減活動の現状把握と問題抽出をする

◆図表3-2　サプライヤー評価の目的

新規サプライヤーの選定評価では、**納期遅延問題やコスト高問題が発生する可能性が低いサプライヤーを選定します**。また既存サプライヤーの定期監査などの企業評価では、上記の問題が発生する可能性を発見し、その対策を打つことを考えます。企業評価の結果によっては、取引停止の判断が必要な場合もあります。

新規サプライヤーの選定評価や既存サプライヤーの企業評価の進め方は、2-2で解説したソーシングプロセスと同様です。

◆図表3-3　サプライヤー選定・評価の説明

3-2 サプライヤー企業評価項目と評価の考え方 ～技術と経営の視点～

サプライヤー企業評価項目の内容

サプライヤーの企業評価項目の例を図表3-4に示します。大きく技術力と経営力に分けると、前者は**品質、価格、納期、技術**など、後者は**サービス、経営、環境、人材**などに評価項目を設定できます。

企業評価		評価項目	評価内容
企業評価	技術力	品質	品質向上のために、①ISO認証取得、②品質管理体制の構築、③工程品質管理、④不具合対策、⑤品質教育などを実施しているか
		価格	コスト競争力強化のために、①技術開発、②組織的なコスト低減活動、③コスト管理、④原価企画、⑤VEなどに取り組んでいるか
		納期	納期厳守のために、①納期管理、②生産計画変更への対応、③納期改善活動などの取り組みを実施しているか
		技術	技術力向上のために、①技術開発、②改善活動、③技術教育などを実施しているか
	経営力	サービス	顧客満足度向上のために、①顧客訪問、②顧客への情報提供、③緊急対応などに取り組んでいるか
		経営	企業価値向上のために、収益性分析や安全性分析、生産性分析、成長性分析などを評価し、改善対策に取り組んでいるか
		環境	地域環境負荷軽減のために、①グリーン調達ガイドライン準拠、②禁止化学物質不使用、③化学物質分析などを実施しているか
		人材	・人材育成のための人材マネジメントシステムやスキル向上のための教育体系があるか ・社員満足向上のための施策を実施しているか

◆図表3-4　サプライヤー企業評価項目の例

次に、サプライヤー企業評価の考え方の例を図表3-5に示します。技術力と経営力に着眼し、それぞれの評価が高いサプライヤーの場合は採用の方向で検討し、技術力は高いが経営力が低いサプライヤーの場合は不採用あるいはM&A（合併と買収）を検討します。一方、技術力は低

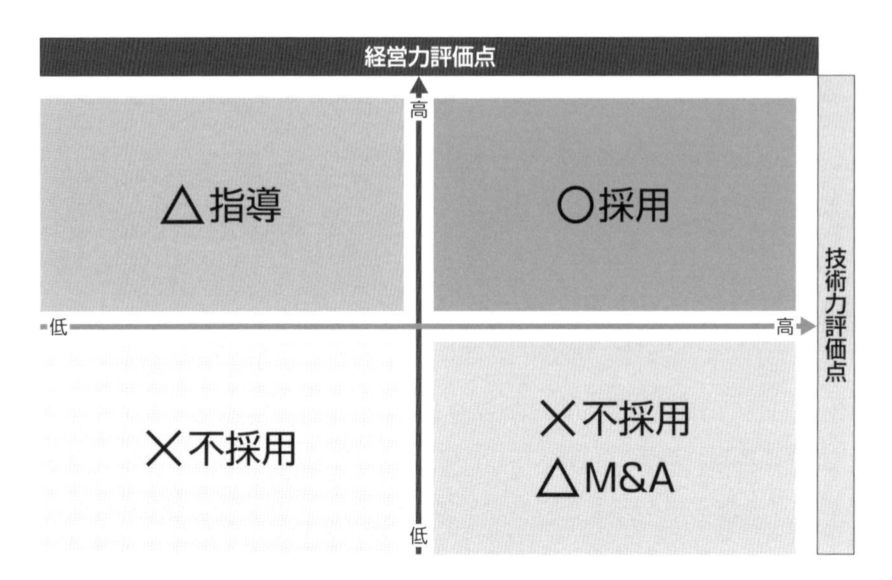

◆図表3-5　サプライヤー企業評価の考え方の例

いが経営力が高いサプライヤーの場合は技術指導による技術力の向上を検討します。技術力も経営力も低いサプライヤーの場合は既存サプライヤーでは取引停止、新規サプライヤーでは選定しない（不採用）方向で検討します。

次節からは、図表3-4にある各評価項目について詳しく見ていきます。

3-3 サプライヤー企業評価項目の着眼点～8つのポイント～

≫ 品質評価のポイント

品質評価のポイントは、①**品質活動のPDCAサイクル管理ができていること**、②**不良品を社外に出荷しない仕組みがあること**、③**トレーサビリティが取れていること**、④**不具合が発生しにくい仕様・設計であること**などです。品質向上のために、ISO認証取得や品質管理体制、工程品質管理、不具合対策、品質教育、設備状況などを評価し、改善対策に取り組みます。図表3-6に品質評価の項目例を示します。

項目例	評価内容	改善対策例
ISO認証取得	ISO認証取得状況	認証取得計画立案
品質管理体制	社外不良発生時の窓口の設置有無、連絡ルートや責任と権限の明確化	管理体制の構築
工程品質管理	ドキュメント整備状況、不良解析レベル、検査作業レベル	QC工程表、検査マニュアルの整備
不具合対策	不具合レベル（不良率など）	不良解析力強化
品質教育	品質に関する教育実施レベル	教育の実施
設備状況	最適な設備のレベルや保全管理状況	老朽化設備の改修や保全管理の徹底

◆図表3-6　品質評価の項目例

≫ 価格評価のポイント

価格評価のポイントは、①**同一仕様で、最安値であること**、②**コスト**

低減アイデアが豊富にあること、③**コスト低減活動に取り組んでいること**などです。コスト競争力強化のために、価格レベルや組織的なコスト低減活動、コスト管理・原価企画、VEサプライヤー提案などを評価し、改善対策に取り組みます。図表3-7に価格評価の項目例を示します。

項目例	評価内容	改善対策例
価格レベル	仕様別標準価格や原単位の競合比較	価格の見直し
組織的な コスト低減活動	コスト低減活動実施状況	共同VE
コスト管理・ 原価企画	コスト分析状況、動態管理実施状況	コスト管理導入
VEサプライヤー提案	VE提案件数	インセンティブ契約

◆図表3-7　価格評価の項目例

≫納期評価のポイント

納期評価のポイントは、①**要求納期に対応できること**、②**必要量の変化に対応できること**、③**納期改善活動に取り組んでいること**などです。納期厳守のために、納期レベルや納期管理、生産計画変更への対応、納

項目例	評価内容	改善対策例
納期レベル	標準納期や特急納期レベル	納期の見直し
納期管理	JITやVMI（112ページ参照）などの 納期管理ができる生産システムレベル	生産システム検討
生産計画変更への対応	製造増減対応レベル	• 多品種少量生産 • システム構築
納期改善活動	改善活動状況	改善活動の活性化

◆図表3-8　納期評価の項目例

期改善活動などを評価し、改善対策に取り組みます。図表3-8に納期評価の項目例を示します。

≫ 技術評価のポイント

技術評価のポイントは、①**技術開発に積極的に取り組んでいること**、②**技術者育成に積極的に取り組んでいること**などです。技術力向上のために、技術開発レベルや改善活動、技術教育などを評価し、改善対策に取り組みます。図表3-9に技術評価の項目例を示します。

項目例	評価内容	改善対策例
技術開発レベル	業界内の技術レベル	技術開発方針の変更
改善活動	改善活動状況	改善活動の活性化
技術教育	技術教育体系	技術教育の体系作り

◆図表3-9　技術評価の項目例

≫ サービス評価のポイント

サービス評価のポイントは、①**開発営業に積極的に取り組んでいること**、②**営業担当者育成に積極的に取り組んでいること**などです。顧客満足度向上のために、顧客訪問や顧客への情報提供、緊急対応などを評価し、改善対策に取り組みます。図表3-10にサービス評価の項目例を示します。

項目例	評価内容	改善対策例
顧客訪問	工場への来場頻度	営業方針の見直し
顧客への情報提供	情報提供状況	情報提供方法
緊急対応	対応スピード	意識付け

◆図表3-10　サービス評価の項目例

›› 経営評価のポイント

経営評価のポイントは、①**財務の収益性、安全性、生産性、成長性が高いこと**、②**不正防止策があること**などです。企業価値向上のために、収益性分析や安全性分析、生産性分析、成長性分析などを評価し、改善対策に取り組みます。図表3-11に経営評価の項目例を示します。

項目例	評価内容	改善対策例
収益性分析	売上高営業利益率、総資産利益率(ROA)	コスト低減活動
安全性分析	自己資本比率	借入金返済
生産性分析	利益／総労働時間	働き方改革（労働時間短縮）
成長性分析	対前年比売上伸長率	成長戦略

◆図表3-11　経営評価の項目例

›› 環境評価のポイント

環境評価のポイントは、①**環境に優しい設計や製造をしていること**、②**環境を守る意識があること**などです。地域環境負荷軽減のために、グリーン調達ガイドラインや禁止化学物質不使用、化学物質分析などを評価し、改善対策に取り組みます。図表3-12に環境評価の項目例を示します。

項目例	評価内容	改善対策例
グリーン調達 ガイドライン準拠	企業としての環境への取り組み状況	環境方針設定提案
禁止化学物質 不使用	環境に優しい設計や製造レベル	環境設計対策
化学物質分析	RoHS禁止物質の管理レベル	分析の外部委託

◆図表3-12　環境評価の項目例

人材育成評価のポイント

人材育成評価のポイントは、①**人材育成マネジメントシステムを構築していること**、②**社員満足度向上施策があること**などです。人材育成のために、人材育成マネジメントシステムや教育体系、社員満足度向上施策などを評価し、改善対策に取り組みます。図表3-13に人材育成評価の項目例を示します。

項目例	評価内容	改善対策例
人材育成マネジメントシステム	人材評価制度の状況	人材評価制度の確立
教育体系	教育体系の状況	教育体系作り
社員満足度向上施策	社員満足度向上施策 の状況	社員満足度向上施策 検討

◆図表3-13　人材育成評価の項目例

3-4 サプライヤー選定の先進事例 ～サプライヤー選定システム～

≫特定品目のコスト計算を簡単にできるシステム

調達先進企業では、図表3-14に示すような「**サプライヤー選定システム**」を特定の品目ごとに開発しています。サプライヤー選定システムとは、簡単な仕様を入力すると、調達部門が推奨するサプライヤーと推奨仕様での見積価格が画面に表示されるシステムです。

図の右側にあるデータベースの作成手順に従ってデータを作成します。このシステムにより、製品の企画構想段階や開発設計段階でも、特定品目のサプライヤー選定やコスト計算が簡単にできるようになります。

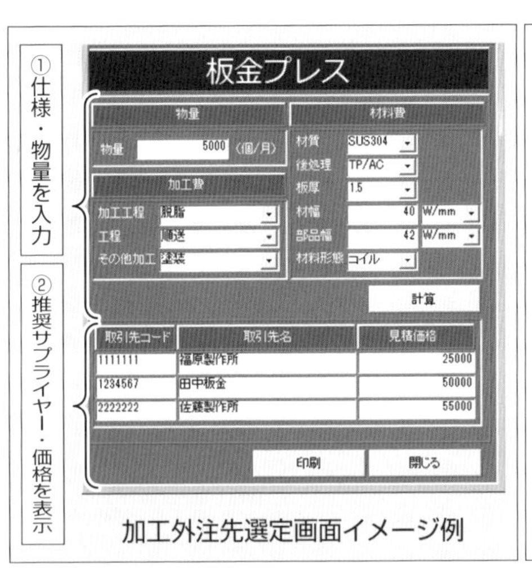

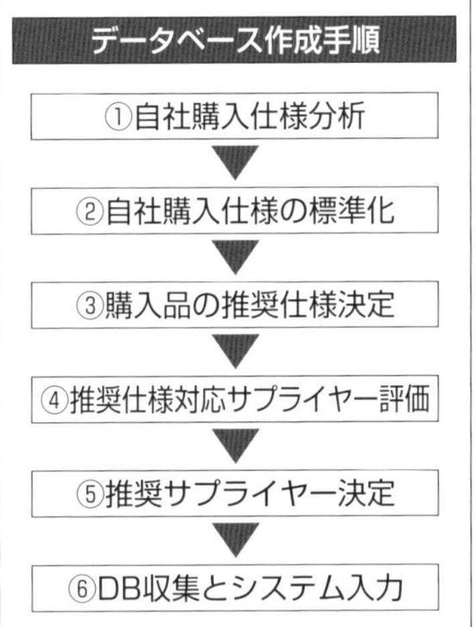

◆図表3-14　サプライヤー選定システムの例

第4章

購入価格の決定

本章では、第2章で紹介した調達業務プロセスのうち、購入価格を決定する方法について解説します。企業利益の創出と製造や営業に必要な部品や原材料、設備などの購入価格の決定手順がわかります。コスト（購入価格）の作り込みや決定、分析・査定の際に活用してください。

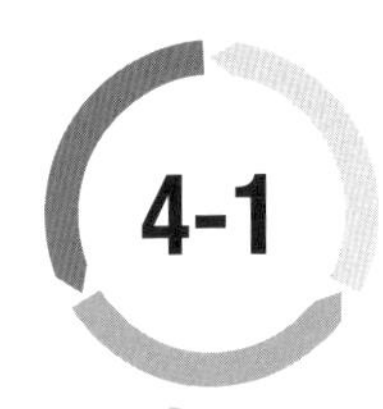

購入価格決定の進め方 ～７つのステップ～

7つのステップで適正な購入価格を決定する

購入価格決定の進め方は、①購入仕様情報の収集、②価格情報の収集、③価格の構造化、④価格決定要因の発見、⑤原単位の算出、⑥価格テーブル作成、⑦購入価格決定の７つのステップになります。これらのステップにより、**適正な購入価格を決定できます**。各ステップについて、順に説明します。

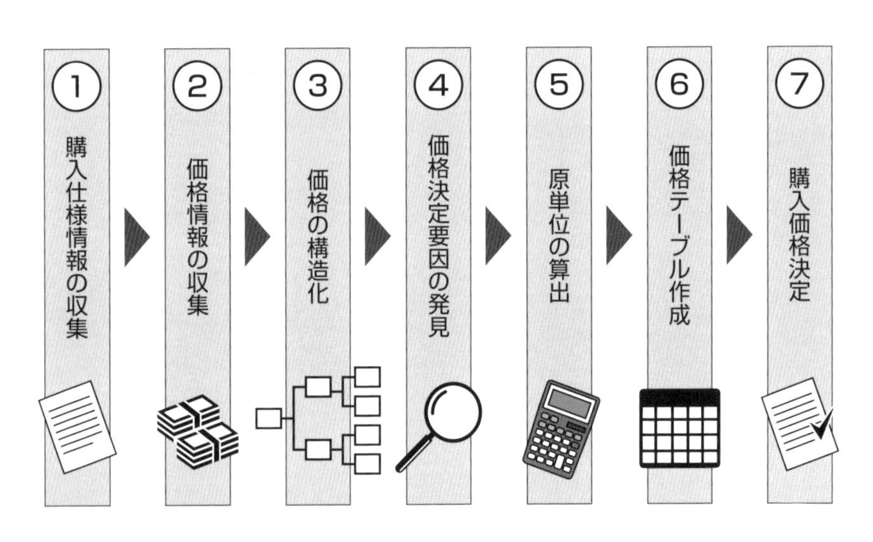

◆図表4-1　購入価格決定の進め方

ステップ１：購入仕様情報の収集

第１ステップは**購入仕様情報の収集**です。購入仕様情報の収集の目的は、購入する部品や材料がどのような仕様であるかを詳しく知ることです。設計者などの要求元や社内外の関係者から購入品に関する仕様情報をできるだけ収集して特殊仕様を排除し、低価格仕様になるような仕様の作り込みに関係者で取り組みます。購入仕様情報の収集は次の４つの手順で実施します。

【購入仕様情報の収集の手順】

①購入品の仕様を調査する
②購入品の原材料費、加工費、経費に関する仕様を調査する
③類似購入品の仕様を調査する
④購入品の仕様トレンドを調査する

調達現場では、この購入仕様情報を調達担当者が十分知っておくことが重要になります。購入仕様情報を調達担当者が知っておくことで、品質や価格、納期などの各種交渉が有利になる傾向にあります。

›› ステップ２：価格情報の収集

第２ステップは**価格情報の収集**です。価格情報の収集の目的は、購入する部品や材料がどのような価格であるかを詳しく知ることです。設計者などの要求元や社内外の関係者から購入品に関する価格情報をできるだけ収集し、コスト（価格）と仕様の関係（図表2-9参照）を整理し、低価格になるようなコストの作り込みに関係者で取り組みます。価格情報の収集は次の４つの手順で実施します。

【価格情報の収集の手順】

①購入品の実績価格を調査する
②購入品の部材費、加工費、販売・一般管理費他などの詳細コストを調査する
③類似購入品の購入価格および詳細コストを調査する
④市場価格や価格トレンドを調査する

調達現場では、この価格情報を調達担当者が十分知っておくことが重要になります。価格情報を調達担当者が知っておくことで、品質や価格、納期などの各種交渉が有利になる傾向にあります。

ステップ3：価格の構造化

第3ステップは**価格の構造化**です。価格の構造化の目的は購入する部品や材料、設備の購入価格の内訳コストを詳しく知ることです。コストをより詳細に分解できれば、コスト低減アイデアなどが生まれやすくなります。価格の構造化は次の2つの手順で実施します。

【価格の構造化の手順】

①調査した購入品の内訳を部材費、加工費、販売費・一般管理費などに分解する

②分解したコストを図表4-2のように構造化する

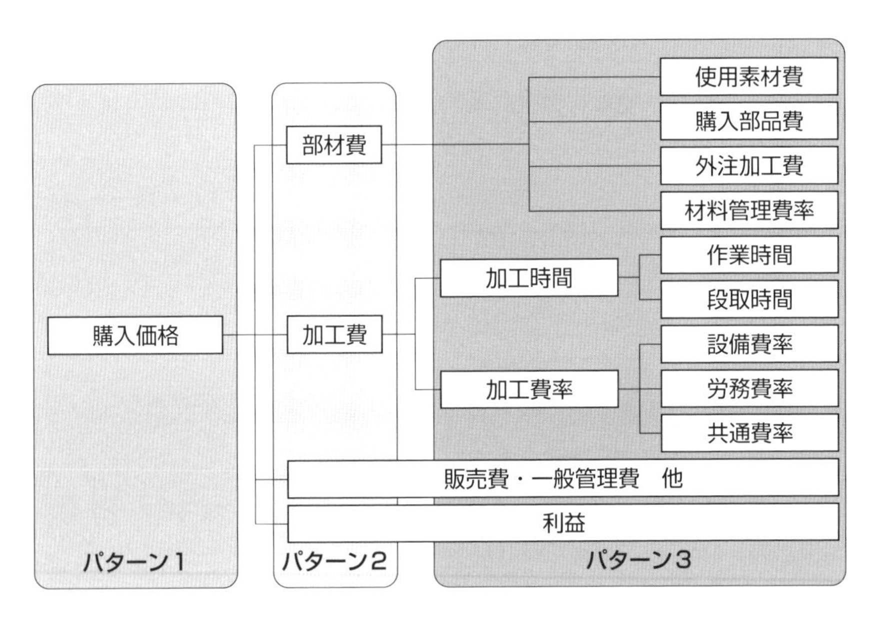

◆図表4-2　購入価格の構造化の例

調達現場では、加工外注先の購入価格が低減できない理由として考えられることとして、加工外注先サプライヤーからの見積書をパターン1の購入価格のみ（一式見積り）で入手している場合が多いです。パターン2のような部材費と加工費に分けた見積書や、パターン3の加工時間や加工費率まで詳細に記載した見積書を入手し、共同でコスト低減に取り組む必要があります。

ステップ4：価格決定要因の発見

第4ステップは**価格決定要因の発見**です。価格決定要因の発見の目的は、購入価格を決定付けるサプライヤー内のコストに影響を与える要因（**コストドライバー**）を知ることです。コストドライバーを知ることで、購入仕様の最適化やコスト低減アイデアなどが生まれやすくなります。価格決定要因の発見は次の2つの手順で実施します。

【価格決定要因の発見の手順】
①原価分類ごとに何がコストに影響しているかを考える
②大きくコストに影響を及ぼすコストドライバーを選定する

図表4-3に価格を決定付けるコストドライバーの種類を示します。**製品コストドライバー**は製品・サービスのコストに影響する要因、**製造コストドライバー**は作り方のコストに影響する要因、**管理コストドライバ**

種　類	説　明	例
製品コストドライバー	製品・サービスのコストに影響する要因	重量、寸法、材質、精度、サプライヤー産地など
製造コストドライバー	作り方のコストに影響する要因	製法・工法、機械設備、治工具、内外作など
管理コストドライバー	管理や制度のコストに影響する要因	調達割などの割掛費（間接費配賦比率）、検査など

◆図表4-3　価格を決定付けるコストドライバーの種類

ーは管理や制度のコストに影響する要因のことです。

ステップ5・6：原単位の算出とコストテーブル作成

第5ステップは**原単位の算出**です。原単位とは、図表4-4のように、材料費のg重量当たりの単価や加工費の時間当たりの賃金など、単位当たりのコストのことです。原単位の算出の目的は、購入価格の妥当性などを分析するための基準を作ることです。

調達現場では、システム開発の人件費は図表4-4の右側に示すように、技術者の技術レベルに分けて原単位を把握し、全体のシステム開発の人件費を計算しています。

材料費の原単位例	加工費の原単位例
・g当たり価格：金7,959円 ・kg当たり価格：銅1,220円、ステンレス鋼670円 ・ℓ当たり価格：ガソリン160円	1時間当たり賃金 20k¥/h

システム開発例

技術者	単価
SE（上級）	13k¥/H
SE（中級）	10k¥/H
SE（初級）	8k¥/H
PG（大手）	8k¥/H
PG（下請）	5k¥/H

◆図表4-4　原単位の算出の例

第6ステップは**コスト（価格）テーブル作成**です。コストテーブルとは、図表4-5のような原単位の算出に使用した表やグラフなどのことです。原単位の算出およびコストテーブル作成は次の3つの手順で実施します。

調達現場では、図表4-5の右側に示すように、重量ごとの実績コストをグラフ上化し、その傾きから原単位を計算しています。

項　目	実績コスト¥ (A)	重量g (B)	A÷B	原単位
○○材	210	100	2.1	2¥/g
	220	110	2.0	
	240	120	2.0	
	260	130	2.0	
	280	140	2.0	
	285	150	1.9	

コストテーブル例

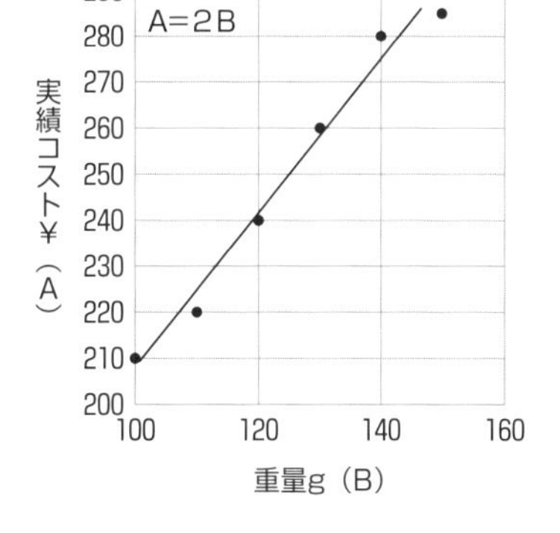

◆図表4-5　コスト（価格）テーブルの作成の例

【原単位の算出およびコストテーブル作成の手順】

①実績コストとコスト決定要因（コストドライバー）を図表化する
②回帰分析などによって算出した原単位を明確にする
③コストを図表4-5のような表（テーブル）にする

≫ステップ7：購入価格決定（価格査定）

第7ステップは**購入価格決定（価格査定）**です。コストテーブルやコストと仕様の関係（図表2-9参照）、相見積比較、過去の実績購入価格などから購入価格のあるべき価格を算出し、購入価格を関係者で決定します。購入価格決定は次の4つの手順で実施します。

【購入価格決定の手順】

①コストテーブルからあるべきコストを算出して購入価格を決定する
②コストと仕様の関係からあるべきコストを算出して購入価格を決定する
③複数社のサプライヤーから見積りを取り、あるべきコストを算出して購入価格を決定する
④前回の購入実績やこれまでの購入実績の加重平均値と比較し、あるべきコストを算出して購入価格を決定する

4-2 購入価格決定の先進事例 ～コストデザインシステム～

コストシミュレーターとコストデザインシステムの活用

調達先進企業では、簡単な仕様の入力であるべきコストが計算される**コストシミュレーター**や、図表4-6のような簡単な仕様（推奨仕様）を入力すると、実際の取引価格（協定価格）と推奨サプライヤーが表示される**コストデザインシステム**などが開発されています。

これらによって、調達担当者は見積価格の早期回答やコスト（購入価格）の分析・査定、価格交渉で活用できるツール、値上がり影響査定、コスト低減アイデアの切り口の発見ができるようになります。

コストデザインシステム

品目　プリント基板
層数
表面処理
シートサイズ
基材
数量
計算

サプライヤー	単価（¥）	イニシャル費

◆図表4-6　コストデザインシステムの例

第5章

コスト低減

本章では、購入品のコスト低減手法について解説します。多くのコスト低減手法を知っておくことで、自社の企業文化や量産・非量産系などの製品の種類、購入する部材、外注先サプライヤーとの関係などの特徴に合った最適なコスト低減手法を選択できるようになります。購入品のコスト低減のアイデア出しやアイデア提案の際に活用してください。

5-1 コスト低減の考え方～サプライヤー利益ではなくコストを減らす～

Win-Winの関係をサプライヤーと築く

「**サプライヤーの利益ではなくコストを減らすこと**」。これは調達部門に配属されると最初に指導される重要なコスト低減の考え方です。サプライヤー側のコストをいかに低減するか、またサプライヤーに自社と取引することのメリットをいかに提供するか、つまり**互いにメリットがあり良好な関係（Win-Winの関係）をサプライヤーとどのように築くかを考え実行すること**が、購入品のコスト低減活動で最も重要です。

調達現場では、図表5-1の左側のように10k¥の購入価格をサプライヤーの利益を削って低減させる（買いたたき）のではなく、右側のようにサプライヤーの手間や工数を減らし、Win-Winの関係を構築しながらコスト低減に取り組んでいます。

◆図表5-1　コスト低減の考え方

5-2 各種コスト低減手法～難易度別～

コスト低減活動の難易度1

コスト低減活動の難易度から5段階に分けて、その手法を説明します。

①まとめ購買

まとめ購買とは、同一購入品をまとめて大量購入し単価を安くすることでコストを低減する手法です。年間契約やロット契約などによって、サプライヤー側の営業の事務工数や手間を低減します。

②商流変更

商流変更とは、購入ルートをメーカーからの直接購入に変更することで、中間に入る商社などの口銭をカットし、購入品のコストを低減する手法です。商流変更では、現状の中間業者の役割から費用対効果を考えて変更する必要があります。

③アカウント購買

アカウント購買とは、特定のサプライヤーに取引対象の拡大や他の案件との抱き合わせなどによって、1社の取引額を増やすことで価格交渉し、購入品のコストを低減する手法です。アプローチする顧客を絞り込み、特定の顧客との関係性を深めて商談を作っていくアカウント営業に類似しています。

④SRM（サプライヤー・リレーションシップ・マネジメント）

SRM（Supplier Relationship Management）とは、サプライヤーと自社双方の利益創出のために情報を共有し、連携活動を強化させ、

Win-Winの関係を構築しながらコスト低減をする手法です。(12-4参照)

»コスト低減活動の難易度２

⑤機能購買

機能購買とは、同じ機能に着目し、代替品や代替サプライヤーを調査して、代替品や代替サプライヤーに切り替えて、購入品のコストを低減する手法です。機能購買は購入仕様を標準化し市販品を購入できるようにしておくことです。

⑥取引契約条件の見直し

取引契約条件の見直しとは、発注や仕様の提示時期、価格決定時期、支払時期などの条件変更や調達先の余剰リソースを活用して、購入品のコストを低減する手法です。近年、サプライヤーの製造閑散期を活用して製造を依頼し、購入品のコストを低減している企業が多くあります。

⑦競合購買

競合購買とは、複数社のサプライヤーから見積書が入手できる競合環境を作り、購入品のコストを低減させる手法です。競合購買のポイントは対象購入品の業界コストリーダー企業を調査して見積書を入手し、競合環境を作ることです。

⑧仕様最適化

仕様最適化とは、過剰スペックを取り除き仕様を最適化することで、購入品のコストを低減する手法です。特に、旧製品で使用されていた購入部品を流用して新製品でも使用する場合、本当にその部品性能が必要か確認する必要があります。

⑨原価分析購買

原価分析購買とは、対象品目の総コストを分解し、各要素のコストの妥当性を分析し価格交渉することで、購入品のコストを低減する手法です。特に完成外注品で、１社しかサプライヤーがいないモノベンダーの場合、この手法がよく活用されています。

⑩サプライヤー改善指導

サプライヤー改善指導とは、サプライヤーの製造工程や調達方法を改善することで、購入品のコストを低減する手法です。サプライヤーの製造現場を訪問し、第三者の視点で製造工程を見ると、コスト低減アイデアの新たな切り口につながることがよくあります。

⑪サプライヤーVE提案

サプライヤーVE提案とは、サプライヤーからのVE（Value Engineering）を活用した提案を受け、サプライヤーと連携して、購入品のコストを低減する手法（図表5-2左側）です。「逆展示会」といって、特定のサプライヤーを自社工場に招待して自社製品を展示し、設計者や調達担当者が製品の説明をすることで、サプライヤーからその場や後日サプライヤーVE提案を受ける取り組みをしている企業があります。

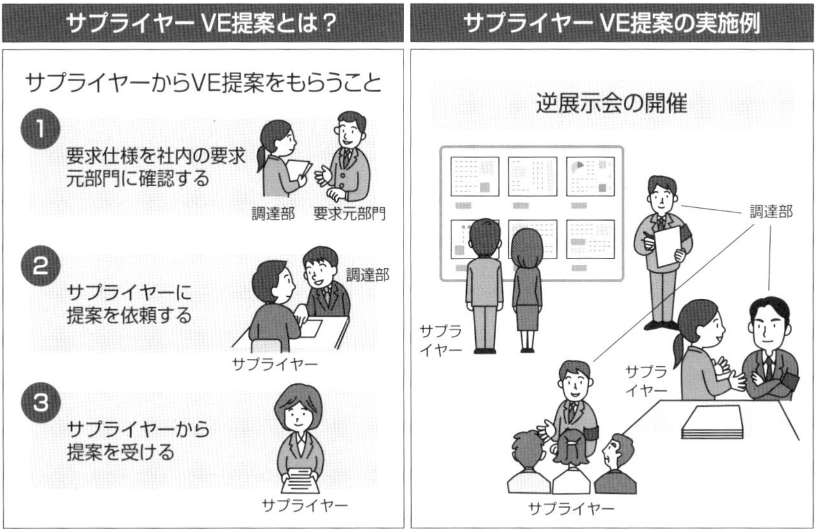

◆図表5-2　サプライヤー VE提案

⑫集中集約購買

集中集約購買とは、同一品目の物量をまとめ（集中化）、集約したサプライヤー（集約化）に発注することで、購入品のコストを低減する手法です。調達担当者側の手配処理やサプライヤー管理の手間を減らし、同時にサプライヤー側の売上拡大ができ、良好なWin-Winの関係が構築できるので多くの企業が取り組んでいる手法です。

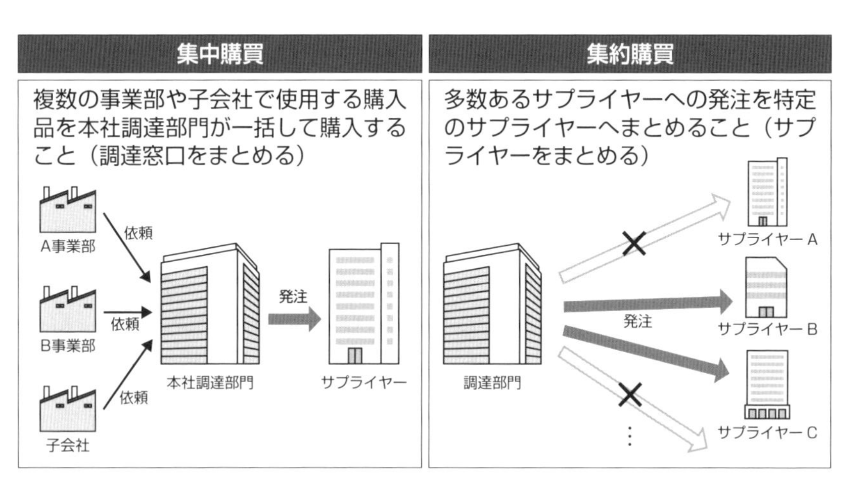

◆図表5-3　集中集約購買手法の仕組み

⑬共同購買

共同購買とは、他社と共同で購入することで、ボリューム効果により購入品のコストを低減する手法です。近年、Webサイトを使って間接材の共同購買をしている企業が多くあります。

⑭データ指向購買

データ指向購買とは、日立製作所が開発した調達手法で、調達実績データ（調達活動で得た情報）に、市場調査や分析などの調達情報を加え、整理加工して、より品質・コスト・納期の優れた部品や原材料などを購入する手法です。データ指向購買のポイントは購入品の品目コードの統一で、これにより、どのサプライヤーからどのような品目のどのような仕様をどれくらい購入しているかなど、購入品の現状把握ができるようになります。

⑮リバースオークション

リバースオークションとは、逆入札システムを活用し、競合環境を創出して、購入品のコストを低減する手法です。リバースオークションのポイントは業界のコストリーダー企業を入札に参加させることと、取引するサプライヤーを、価格だけではなく総合評価で決定することを参加するサプライヤー全社に説明しておくことです。

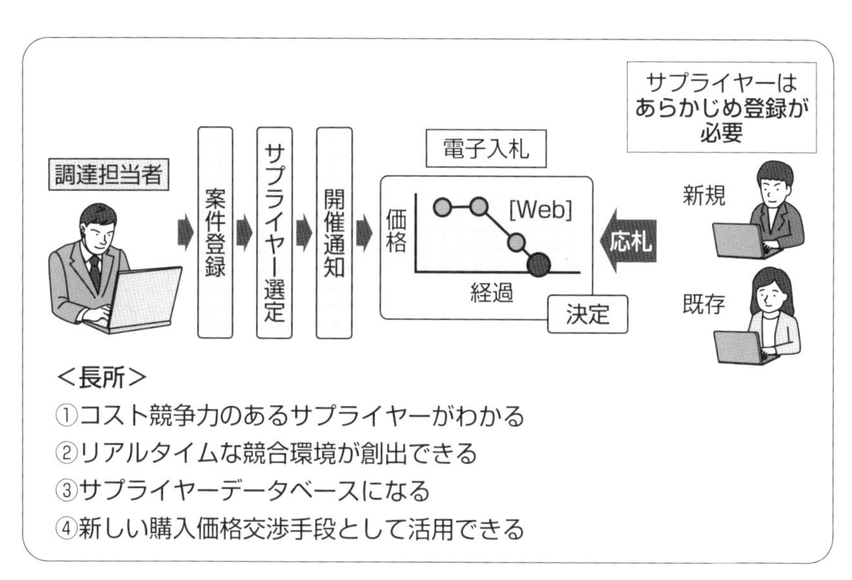

◆図表5-4　リバースオークションの仕組み

⑯シェアリング購買

シェアリング購買とは、複数のサプライヤーへの発注量の比率をそれぞれ変えることで価格交渉し、購入品のコストを低減する手法です。1回に発注するロット規模（数量）や金額が大きい企業で活用が見られます。

⑰アウトソーシング購買

アウトソーシング購買とは、社内の業務の一部を外部の企業に委託することで、社内で発生するコストを低減する手法です。全国の産官学コーディネーターと連携し、最適なサプライヤーを発掘、紹介するサービスを提供する企業や日々の調達ルーティンワークをアウトソースできるサービスを提供する企業があり、BPO（Business Process Outsourcing）と呼ばれています。

⑱グリーン購買

グリーン購買とは、環境への負荷が少なく、リサイクル性の高い部品や原料を購入することで、購入品のコストを低減する手法です。購入品の化学物質の有害性を評価し情報開示するなど、環境経営を実践する企業でよく取り組まれています。

⑲内示・確定発注

内示・確定発注とは、あらかじめ必要な購入数の総量を示し（フォーキャスト）、サプライヤーが事前準備できる環境を作ることで価格交渉し、購入品のコストを低減する手法です。特に完成外注品で1社しかサプライヤーがいないモノベンダーの場合、この手法がよく活用されています。

⑳ミルクラン輸送

ミルクラン輸送（巡回集荷）とは、購入価格に含まれていた輸送コストを分離し、巡回集荷によるまとめ輸送で物流コストを低減し、購入品のコストを低減する手法です。牛乳メーカーが原料となる生乳を調達するために、各牧場を巡回して集荷することから名付けられた輸送方式です。

コスト低減活動の難易度3

㉑グローバル購買

グローバル購買（海外調達）とは、世界的な視野に立って、世界中のサプライヤーの中から最適なサプライヤーを発掘して購入品のコストを低減する手法です。詳しくは2-4を参照してください。

㉒トップ交渉

トップ交渉とは、経営トップによる価格交渉で購入品のコストを低減する手法です。製品計画や購入計画など、交渉に必要な資料を事前準備する必要があります。

㉓線形価格分析購買

線形価格分析購買とは、購入価格に影響を与える要素（重量、長さ、アンペアなど）を特定し、要素単位当たりの価格を分析して、目標価格を設定し価格交渉することで、購入品のコストを低減する手法です。購入仕様と購入価格で整理したグラフ上での特異点を見つけ、価格交渉をします。

㉔開発調達

開発調達（アーリーソーシング）とは、製品やサービスの利益を創出するために、企画構想段階や開発段階から調達、設計、製造、品質保証の各部門やサプライヤーなどが協働で、外部調達品のコスト低減に取り組む手法です。これについては第11章で詳しく解説します。

㉕VR購買

VR購買（仕様の標準化）とは、日本能率協会コンサルティングが開発したVR（Variety Reduction）の手法を活用し、購入仕様を共通化・レンジ化・集約化することで、購入品のコストを低減する手法です。仕様の標準化は部材だけでなく、製品や製造でも活用できます。

㉖VE（機能とコストの最適設計）

VE（バリューエンジニアリング）とは、顧客が要求する機能に着目したアイデア発想などで、購入品の価値分析（機能とコストの最適設計）によって購入品のコストを低減する手法です。図表5-5のように、機能を顧客の要求に応じて、減らしたり、増やしたり、取り除いたり、付け加えたりしながら機能とコストを最適化する手法です。なおVEについては、次節で詳しく説明します。

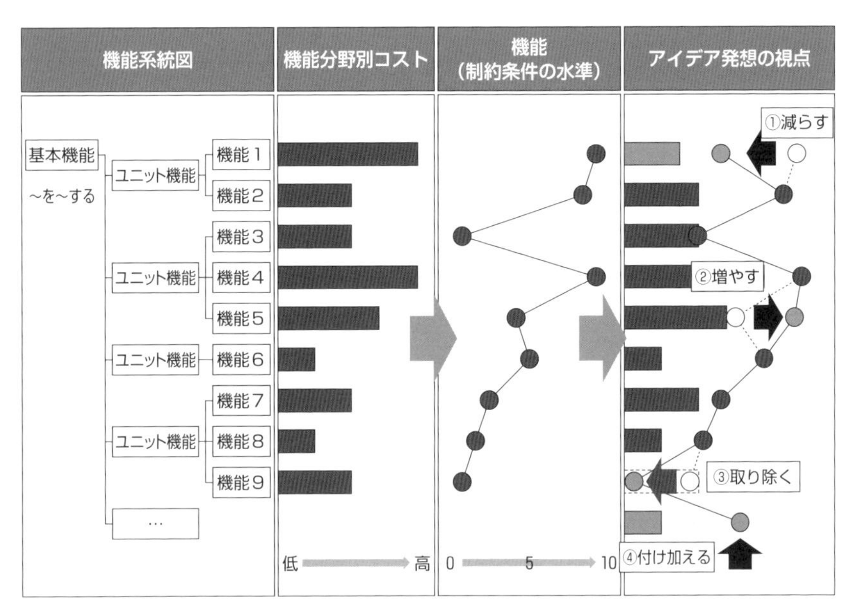

◆図表5-5　VEの仕組み

㉗ティアダウン

ティアダウンとは、競合製品を分解し、製品の品質や性能、コストに至る部分まで分析し、その情報を活用して仕様やサプライヤーを見直すことで、購入品のコストを低減する手法です。各部品の構造や寸法精度、外観などを分析することで競合企業の製品レベルを把握し、市場や顧客の要求に合った仕様の見直しなどに取り組みます。この手法は**リバースエンジニアリング**とも呼ばれています。

㉘ベンチマーキング

ベンチマーキングとは、他社の優れた部材やサプライヤー、購入価格などの事例を指標として自社と比較・分析し、その情報を活用して購入品のコストを低減する手法です。購入品の現状を把握するための重要な手法です。

㉙新規サプライヤー開拓

新規サプライヤー開拓とは、新たにコスト競争力のあるサプライヤーを開拓し、購入のコストを低減する手法です。新規サプライヤーの選定方法については第3章を参考にしてください。

㉚特殊仕様の排除

特殊仕様の排除とは、購入品の自社独自の特殊仕様を排除し、市販品の仕様を採用することで、購入品のコストを低減する手法です。部品不足の時代に部品の調達保全の観点からも特殊仕様の排除は必要な取り組みです。

㉛VMI

VMI（Vendor Managed Inventory：ベンダー在庫管理）方式とは、サプライヤーが調達側に代わって、在庫管理や発注（補充）をすることで、購入品のコストを低減する手法です。リアルタイムな在庫状況に応じてサプライヤーは納品できるため、生産数の調整や販売予測を立てやすくなり、生産効率の向上や物流コストの低減ができます。

㉜PLM

PLM（Product Life cycle Management：製品ライフサイクル管理）とは、製品の企画から廃棄までのライフサイクルにわたって、技術情報やコスト情報を社内で管理・共有することで、ライフサイクルコストを低減する手法です。PLMを実施することで、部材コストなどを社内で正確に把握・共有できるようになり、コスト低減活動が活性化できます。

㉝コンカレントエンジニアリング（設計の前段階からの協働活動）

コンカレントエンジニアリング（Concurrent Engineering）とは、製品開発で複数のプロセスを同時並行で進め、開発期間の短縮やコストの低減をする手法です。特に、サプライヤー側の設計者も、調達側のプロジェクトメンバーの一員として参画して同時並行でコスト低減活動などに取り組むことを**サイマルテニアスエンジニアリング**（simultaneous engineering）と呼び、近年、重工業企業を中心に取り組まれています。この活動では、コスト低減成果の按分などのインセンティブ契約や情報漏洩防止のための秘密保持契約（NDA：Non-Disclosure Agreement）の締結が重要です。

㉞MRP

MRP（Material Requirements Planning：資材所要量計画）とは、基準生産計画通りに製品を生産するために、必要な部材の手配を計画的に実施し、在庫数の最適化を図ることで、部材などの購入品のコストを低減する手法です。生産計画をもとにして部材の総使用量を計算します。部材の総使用量を計算するためには、十分な**BOM**（Bill Of Materials：部品表）の作成が必要です。

㉟BCP

BCP（Business Continuity Plan：事業継続計画）とは、あらゆる危機を乗り越えるための戦略と対応のことで、不測の事態が発生しても重要な事業を中断させずに、購入品のコストを低減する手法です。新型コロナウイルス感染症のパンデミック（世界的大流行）や世界情勢の緊迫化などの影響下でも、BCP対策として代替サプライヤーや代替品調査に取り組んでいた企業は、購入品のコスト低減活動ができています。

㊱エンジニアリング購買

エンジニアリング購買とは、サプライヤーの技術ロードマップ、調達コスト評価、供給継続性、調達品の優位性の確認、統一品質認定制度の導入などを実施し、エンジニアリング視点を持ってサプライヤーを開拓し、コストと仕様を作り込むことで、購入品のコストを低減する手法です。総合電機企業を中心にエンジニアリング購買部を設置し、この活動に積極的に取り組んでいる企業があります。

≫コスト低減活動の難易度4

㊲SCM

SCM（Supply Chain Management：供給連鎖管理）とは、調達、製造、物流、販売といった、サプライヤーから消費者に至るまでの一連のプロセス（サプライチェーン）の業務効率を高め、プロセス全体の最適化によって、購入品のコストを低減する手法です。サプライチェーンの全体最適化によってリードタイムや在庫の縮小、設備の稼働率向上などから購入品のコスト低減が可能になり、経営の効率化も実現できます。

≫コスト低減活動の難易度5

㊳戦略購買

戦略購買とは、調達部門が経営戦略や商品企画に参画して、全社的な観点から調達計画を策定して調達活動を実施し、購入品のコストを低減し、企業利益を向上させる手法です。戦略購買を実施している企業では、中期経営計画、事業計画、製品開発ロードマップ、要素技術ロードマップの作成に参画し、先行活動テーマを選定し、主体的な取り組みを実施しています。企画・構想段階、開発段階、受注前段階などの早い段階から製品コンセプト作り、部品選定、サプライヤー選定など、製品開発全般にわたって、調達部門も協働で活動に取り組んでいます。

㊴グループシナジー経営

グループシナジー経営とは、グループ企業全社の保持している情報・知識と、個人が持っているノウハウや経験などの知的資産を共有（ナレッジマネジメント）して購入品のコストを低減し、企業利益を向上させる手法です。近年、調達DX（デジタルトランスフォーメーション）が進み、グループシナジー経営の取り組みが強化されています。調達DXについては第14章で解説します。

㊵M&A

M&A（Mergers and Acquisitions：合併と買収）とは、競合他社などと業務提携や資本提携をすることで相互の弱みを補完し、強みを強化して購入品のコストを低減する手法です。企業規模の小さい完成外注先サプライヤーを買収し、調達力や技術力を強化することで、購入していた部材を内製化して部材コストを低減する取り組みなどがあります。

5-3 バリューエンジニアリングの効果 ～機能（仕様）とコストの最適化～

VEの定義

バリューエンジニアリング（**VE**：Value Engineering）とは、米国ゼネラル・エレクトリック（GE社）の調達部門で開発され、75年以上にわたり世界各国で伝えられてきた、新しい価値を創造する手法です。ここでいう価値とは、満足の度合いのことです。製品やサービス、部品材料、業務、組織、企業などを通して、顧客や社員、社会に高い満足や感動を与える手法がVEです。

楽天創業社長の三木谷浩史氏は、2020年、ある大学の卒業式の祝辞で、「通貨の未来を考えるテクニックとして、通貨の機能とは何かを考え、それを因数分解する。そしてデジタルではダメなのかなど、代替案を考えることが良い」と話されていました。VEは、まさに「その機能とは何か」「何のために、どのようにして」と考え、代替案を作る手法です。

公益社団法人日本VE協会では、VEを「最低のライフサイクル・コストで、必要な機能を確実に達成するために、製品やサービスの機能的研究に注ぐ組織的努力である」と定義しています。この定義の前半はVEの目的、後半はその達成方法（手段）を表し、その対象は製品だけでなく、サービス、業務、組織などを含みます。ここで定義されているそれぞれの言葉の意味について、もう少し詳しく見ていきます。

・最低のライフサイクル・コスト

人間の一生のことを「ライフサイクル」といいます。製品やサービスの開発から、資材調達、製造、販売にかかる企業側で発生するコストと、使用者（顧客）が製品やサービスを入手し、使用、保守、廃棄するためにかかる使用者側で発生するコストの両者を足したコストをVEでは「**ラ**

イフサイクル・コスト」と呼び、この両者のコストを最低にすることを追求します。

たとえば、自動車のライフサイクル・コストとは、生産者側で発生する市場調査や開発、資材調達、製造などのコストと、顧客側で発生する購入、消耗品、維持メンテナンス、廃棄などのコストをすべて足したコストのことです。まさに、自動車が生まれてから亡くなるまでの一生涯にかかるコストに相当します。

◆図表5-6　自動車のライフ・サイクルコスト

・必要な機能の確実な達成

必要な機能とは、使用者（顧客）が要求する製品やサービスの果たす機能のことです。VEでは使用者が要求する機能を正しく把握し、この機能を思考の原点にして、必要な機能の確実な達成を目指します。

たとえば、顧客の自動車のドアの鍵の目的が「特定条件を識別する」ことであれば、顧客にとっての「必要な機能の確実な達成」とは、新しい鍵が「特定条件を識別できる」ということです。

・機能的研究の活用

機能的研究とは、モノを機能に置き換えて解決策を考える、体系的なVE実施手順のことで、価値創造のための問題解決プロセスのことです。この手順を着実に実施することで、VEの特徴である機能本位（次項で説明）の思考ができ、価値の高い製品やサービスを創造できます。

たとえば、「何のために」と鍵の目的を考えると、鍵は「特定条件を識別する」ことが目的（機能）として定義でき、これを思考の原点にアイデア発想すると、「指紋認証キー」や「顔認証キー」など革新的なアイデアを創造できます。

・組織的努力の活用

組織的努力とは、各分野における専門家の優れた知識や技術を結集することで、VEでは**チーム・デザイン**とも呼びます。価値の高い製品やサービスを創造するためには、チーム・デザインによる知識や技術の拡大が必要です。

たとえば、新製品開発VEでは、営業部、設計部、調達部、製造部などの各部門の優れた知識や技術を有する専門家を集め、組織横断型の臨時組織を編成します。このような活動を**TFP**（Task Force Project）と呼びます。購入品の部品VEでも、対象品目のインプット情報とアウトプット情報（成果物）に関係する研究開発部や設計部、製造部などの専門家を巻き込み、TFP活動を進めています。

≫ VEの基本原則

VEの基本原則とは、価値ある製品やサービスを追求するためにVEを正しい方向に誘導、あるいは指導するための法則であり、VE活動の行動指針です。VEの効果を最大化するためには、VE実施手順のすべてのステップで、次に挙げる5つの基本原則を守って行動する必要があります。

①使用者優先の原則（第１原則）

VEでは、製品やサービスの使用者（顧客）の満足を得ることを目的としています。そのために、常に使用者（顧客）の立場に立って、使用者が必要とする機能を第一に考えることが必要です。これを**使用者優先の原則**と呼びます。この原則を守れば、使用者（顧客）の満足が得られ、売れる製品が開発できます。VEの対象によっては、社内の研究開発者や設計者が使用者のこともあり、**その活用シーンを考えること**が重要です。

たとえば、オートマチック車限定の自動車免許証を持つ人をターゲットに自動車の製品開発をする場合、マニュアル車の高級スポーツカータイプと、誰でも簡単に運転できるオートマチックの軽自動車タイプ、どちらの自動車のタイプを選ぶべきでしょうか。当然ながら、答えは後者です。なぜなら、顧客ターゲットである使用者が喜ぶ車は、オートマチックの軽自動車タイプだからです。このように使用者（顧客）は誰かを考え、その使用者（顧客）が喜ぶこと、必要とする機能を第一に考えることが使用者優先の原則になります。

そこで、新製品開発VEの現場では、**「顧客は誰か」を絞り込むこと**が重要となります。そのために、顧客層を切り分け、特定の顧客層を選択し、具体的にどこの誰が顧客なのかを可能な限り特定してから製品仕様を考えます。これを**ターゲティング**と呼びます。同様に、業務改革VEの現場でも「誰が対象業務の成果物を活用するか」を考えて、業務の価値を向上させるアイデアを考えています。

②機能本位の原則（第２原則）

機能本位の原則とは、使用者（顧客）が要求する機能（目的）を思考の原点にすることです。顧客が製品やサービスに求めているのは構造や形ではなく、製品やサービスが果たす機能です。これまでの製品やサービスの提供方法は機能の達成を果たすひとつの手段でしかありません。機能が１つでも、その機能を達成する手段は多数あります。したがって、革新的なアイデアを考える場合、**顧客が要求する機能（目的）を思考の原点にして考えること**が重要です。この原則を守ると、これまでの延長線上のアイデアではなく、まったく別の角度からの革新的なアイデアが生まれてきます。

たとえば、電球の機能について考えると、顧客が要求する機能（目的）は「光を出す」ことです。そのため、光の出ない電球には顧客が要求する機能はなく、電球の価値はないことになります。価値の高い電球の革新的アイデアを創出するためには、顧客が要求する電球の果たす機能、つまり「電球は何のため？　誰のため？」を思考の原点にすることが重要で、これが機能本位の原則になります。

そこで、新製品開発VEの現場では、顧客が求める機能（目的）を把握するために、「あなたが欲しい機能は何ですか？」と顧客の声を徹底的に聞く、VOC（Voice Of Customer：顧客の声）調査を実施しています。また業務改革VEの現場では、各業務を「何のため、誰のため」と考え、顧客や社員にとって不要な業務を排除し、必要な業務を効率化することで業務の内容を再定義し、業務の生産性を向上させています。

③創造による変更の原則（第3原則）

創造による変更の原則とは、創造思考を活用して、もっと良い機能達成手段を見つけ出し、その手段に変えていくことです。創造とは、過去の経験や知識の解体・結合で生まれます。**習慣や固定観念を打破して新しい着想（アイデア）を生み出すこと**が重要です。この原則を守ると、VEの対象である製品やサービス、部品材料、業務、組織、企業などで新しい価値が創造できます。

たとえば、「東京本社の会議に参加する」という目的で移動手段を考える場合、自由にアイデアを出し合う発想法を活用して、音声と映像を送るオンライン会議のように、もっと良い達成手段を探す、あるいは、存在感を持って発言や動作を遠隔操作できる分身ロボットなど、新しい手段を生み出して変えていくことが創造による変更の原則になります。

そこで、多くのVEの現場では、さまざまな分野の専門家を集め、自由にアイデアを出し合うブレーンストーミング法（5-9参照）を活用してアイデア発想会を実施し、これまでにない価値向上が期待できるアイデアを創出しています。

④チーム・デザインの原則（第４原則）

チーム・デザインの原則とは、多数の分野の専門家の知識と技術を結集することです。つまり、個人や１つの部門の情報量には限界があるため、異なる分野の専門家（スペシャリスト）でチームを編成し、情報量を増大させることです。

同じ分野のスペシャリストでチームメンバーを組むと、視点や発想が類似しているため、これまでの延長線上のアイデアにとどまることが多く、新しい抜本的なアイデアが創造されにくくなります。一方、異なる分野のスペシャリストでチームメンバーを組むと、多くの知識と技術を結集でき、相乗効果や累積効果が期待できます。さらに、組織の壁が取り除かれ、関連部門の協力が得られやすくなることで部門連携も強化でき、個人の有効なアイデアも実現化できます。

たとえば、設計部の１つの部門の知識や技術ではできることに限界があり、VE成果も小さくなりますが、調達部や製造部、保守サービス部、営業部といった複数部門のスペシャリストたちが結集できれば、その分成果も大きくなります。大きな成果を出すためには、できるだけ多くのスペシャリストを巻き込み、組織を横断してVE活動に取り組む必要があります。

そこで、新製品開発VEの現場では、開発段階から社内外の関連部門の担当者でVEチームを編成しています。これを**コンカレントエンジニアリング**と呼びます。製造部や品質保証部、保守サービス部といった、後工程部門の担当者や後工程で発生した不具合などの情報を前工程である開発段階から加えることで、後工程で問題となり得ることへの早期対策が可能になります。また、購入品や外注品のVEの現場でも、それぞれの関連部門の担当者でVEチームを編成し、業務の新しい価値を創造しています。

⑤価値向上の原則（第5原則）

価値向上の原則とは、価値（満足の度合い）を機能とコストの2つの要素で捉え、思考過程のすべてを通じて価値向上を追求することです。

VEでは、価値を得ることができた効用の大きさである「機能」と支払った費用の大きさである「コスト」を使って、次の式で価値を算出します。

V（Value：価値）＝F（Function：機能）／C（Cost：コスト）

価値を向上させるためには、次のA～Dの4つの形態があります。

・Aタイプ：機能はそのままでコストを下げる
・Bタイプ：機能を向上させてコストを下げる
・Cタイプ：機能を向上させ、コストはそのまま
・Dタイプ：コストはわずかに向上するが、それ以上に機能を大きく向上させる

たとえば、Aタイプのコスト低減型では、製品の機能はそのままで、構成部品材料の購入部品コストや生産コストを低減します。Bタイプの機能向上＋コスト低減型は最も理想的なVEです。現在主流となっているのは、顧客を絞り込んでニッチな製品を作り、Cタイプの機能向上型あるいはDタイプの機能強調型で、製品やサービスの価値を向上させる新製品開発VEの活動が活発に行われています。なお、機能とコストの両方を下げる形態はありません。不要な機能を取り除いてコストを下げるのは、必要機能はそのままなので、Aタイプの形態に含まれるからです。

新製品開発VEの現場では、市場や顧客、機能（仕様）を絞り込むためのマーケティングを実施し、**どのような機能を向上させるかを考えること**が重要になっています。また、業務改革VEの現場では、支払った費用の大きさとして「業務時間」を、その効用の大きさとして「利益」

を考え、生産性（＝利益／業務時間）を向上させるために、社内管理業務時間を低減し、受注につながる業務時間を創出するなど、業務の新しい価値を創造しています。

第１原則	使用者優先の原則
第２原則	機能本位の原則
第３原則	創造による変更の原則
第４原則	チームデザインの原則
第５原則	価値向上の原則

◆図表５-７　VEの５つの基本原則

5-4 VEの必要性～顧客満足・社員満足・社会満足の三方良し経営～

≫ 企業経営の目的

企業経営のゴールは、**経営理念**（ビジョン）によって左右されます。経営理念とは、企業経営の目的や企業の存在意義を明文化したものです。たとえば、日立製作所の経営理念は「優れた自主技術・製品の開発を通じて社会に貢献する」、三菱電機は「技術、サービス、創造力の向上を図り、活力とゆとりある社会の実現に貢献する」、IHIは「技術をもって社会の発展に貢献する」としています。

多くの企業の経営理念を見ると、「豊かな社会作りに貢献する」という意味の言葉があります。これは、多くの人々に共通する目標を掲げれば、顧客や競合企業、取引先など、多くの人々にその企業の協力者になってもらえるからです。この「豊かな社会作りに貢献する」ためには、企業は維持・発展しなければなりません。そのためには、顧客満足度や社員満足度を向上させ、適正な利益を確保すること、また社会満足度を向上させ、社会的な責任を果たすことが必要になります。VEは、顧客満足・社員満足・社会満足の３つの満足を向上させる「三方良し」の経営手法です。このために、企業はVEを導入しています。

≫ 利益創造とVE

利益を拡大させるためには、売上高の増加や製品・サービスのコストを低減することが必要になります。売上高を増加させるには、売価を上げることと販売数量を増加させることが考えられます。そのためには、顧客の要求を正しく把握し、顧客に高い満足を与えられる製品やサービスを提供することが必要です。またコスト低減では、顧客の要求する機能を低コストで達成するために、部品材料コストや生産コスト、間接コストなどの低減や資産の最適化に取り組むことが必要になります。

VEは、顧客にとって価値の高い製品やサービスを低コストで実現するため、利益創造で最も大きな効果を発揮します。企業は、稼ぐ力（売上を増やす力）、貯める力（コストを減らす力）、使う力（有意義なことに人や資金、情報などの資源を使う力）などを強化するためにVEを導入しています。

◆図表5-8　企業がVEを導入する目的

資源の有効活用

VEは使用者（顧客）の満足を得るために、人的・物的な資源の有効活用を図ることで、価値ある製品やサービスを提供していくことを第一義に考えています。そのため、VEでは常にインプット（資源の消費量）とアウトプット（提供される機能）を考えながら効率良く目標を達成しなければなりません。

価値創造経営

VEは、現状の固定観念や常識を打ち砕き、現状のものをなくして、機能（目的）を顧客の立場で考える「ゼロベース思考」、その機能（目的）をもとに、達成方法（手段）を考え、創造する「本質思考」、さらには、創造したアイデアを技術的、経済的に実現性のある形に洗練化させる「全体最適化思考」の３つの思考によって、製品やサービス、業務、組織、企業などを対象に、新しい価値を創造できます。

この３つの思考によるVEを全社員共通の価値観として取り入れている企業もあります。これを**価値創造経営**と呼んでいます。

5-5 VEの誕生 〜始まりはGE社の調達部門〜

始まりはGE社の調達部門

VEは、1947年に米国ゼネラル・エレクトリック（GE）社のローレンス・D・マイルズ氏によって開発されました。この開発のきっかけとなったのが「アスベスト事件」です。

当時GE社では、電気製品の塗装工場でペンキが床に垂れ、これに引火して火災になる危険があるので、床にアスベストを敷いていました。このため、アスベストの調達要求がありましたが、戦後の品不足の影響でアスベストが手に入らず、調達担当者は困っていました。そのとき、ある取引先の専門業者に「そのアスベストは何のために使っているのですか？」と質問され、その目的に合った代替品が安く手に入ることを提案されました。しかし、GE社内の火災予防規則で、「アスベストを使うこと」となっていたため、安く手に入る代替品を使えませんでした。このとき、調達部長だったマイルズ氏は、防火委員会に対して、サンプル品質評価結果を説明し、代替品の採用にこぎつけました。

これがきっかけとなって、「製品の価値を向上させる最も効果的な方法を発見する」ため、製品の機能に対する研究が進められました。1954年には、米国国防省がVEの有効性を確認し海軍船舶局で、続いて空軍と陸軍もVEを導入し始め、1959年には米国VE協会（SAVE）が結成され、翌年からVE大会が開催されました。そして、1970年代以降は連邦政府機関でもVEが活用されるようになりました。

日本では製造業の調達部門からスタート

VEが日本に紹介されたのは1955年のことで、企業が導入し始めたのは1960年頃からです。そのひとつのきっかけが米国コンサルタントのハインリッツ氏の講演「パーチェシング・セミナー」でした。その中で、資材費低減の手法としてVEが有効であることが紹介されました。

これをきっかけに、総合電機や自動車などの製造業の資材調達段階からVEはスタートし、次第に製品開発などの上流段階で活用されるようになり、適用業種も建設業やサービス業などに拡大しました。そして、1965年には日本VE協会が設立されました。建設分野では、民間工事からVEはスタートし、1990年代には公共工事でも活用されるようになりました。

◆図表5-9　VE拡大の歴史

5-6 VEの実施手順～効果的な問題解決への加工工程～

基本ステップと詳細ステップから成る

VE実施手順とは、VE対象に機能的研究を適用するときの具体的な手順であり、効果的な問題解決への加工工程です。基本ステップは、機能定義、機能評価、代替案作成の3段階、詳細ステップは10段階で構成されています。

また、図表5-10のVE質問とは、VE実施手順を「質問」という問いかけ形式で表現したものです。VEを活用する場合には、この手順を着実に実施し、VEを進めていきます。「機能定義」という基本ステップと、「機能の定義」という詳細ステップがあります。「の」の有無で異なるので注意してください。

基本ステップ	詳細ステップ	VE質問
①機能定義	①VE対象の情報収集	①それは何か？
	②機能の定義	②その働きは何か？
	③機能の整理	
②機能評価	④機能別コスト分析	③そのコストはいくらか？
	⑤機能の評価	④その価値はどうか？
	⑥対象分野の選定	
③代替案作成	⑦アイデア発想	⑤他に同じ働きをするものはないか？
	⑧概略評価	⑥そのコストはいくらか？ ⑦それは必要な機能を確実に果たすか？
	⑨具体化	
	⑩詳細評価	

◆図表5-10　VE基本ステップと詳細ステップ、VEの質問

5-7 VEの適用対象と適用段階 ～新製品開発のVE活動が主流～

›› VEの適用対象

VEの適用対象とは、VEを適用して価値（満足の度合い）を向上させようとする製品やサービスのことです。製品とは企業や組織によって製造される品物のこと、サービスとは企業や組織によって提供される用役のことです。作業や管理・間接業務などもサービスに含まれます。

›› VEの適用段階

VEの適用段階とは、製品やサービスの開発や製造、使用、廃棄に至るライフサイクルの中で、VEを適用する段階のことです。いずれの段階でもVEは適用できます。計画段階では、価値の高い製品やサービスを開発・設計するためにVEを適用します。計画実施段階では、既存製品やサービスにVEを適用します。また、使用段階や廃棄段階でもVEは適用できます。

VEの成果は開発の上流段階ほど大きく、変更に伴うコストも上流段階ほど低いため、VE活動の上流化が進み、製造段階にある既存製品のVE活動よりも企画・開発段階にある新製品開発のVE活動が最近の主流になっています。

5-8 リーダーの役割とメンバーの心構え ～自由にアイデアが言える環境作り～

VE活動を成功させるために必要なこと

日本VE協会では、「新・VEの基本」の中で、チームリーダーの役割とチームメンバーの心構えを図表5-11の通り、記述しています。チームリーダーの役割では、メンバーへの動機付けと問題の明確化がメンバーの活動へのモチベーションや問題課題の解決策に影響するため、とても重要です。またメンバーの心構えでは、自由に意見が言えるように、VE活動の際には**メンバーは職制から離れること**が重要です。

VEの現場では、チームリーダーが活動を成功に導くためには、活動のキーパーソンやメンバー全員に継続して活動に参加してもらう必要があります。そのために、すべてのメンバーが利益を得られるように活動目標を設定したり、メンバーが欲しい情報を共有したり、メンバーの上長に対して、高い評価を報告したりするなど、メンバーのモチベーションの向上に取り組む必要があります。

チームリーダーの役割	チームメンバーの心構え
①実施手順、日程計画の立案 ②出欠状況の確認と記録 ③チームメンバーへの動機付けと問題の明確化 ④チームメンバーの意思統一 ⑤各会合の進行と司会 ⑥各会合における所要時間の記録 ⑦VE実施手順の推進と実施統制 ⑧進捗状況の確認と遅延対策 ⑨各会合におけるチーム活動の取りまとめ ⑩チームワークを高めるための努力	①会社における職制から離れること ②会合への欠席、遅刻をしないこと ③目標達成に向けて努力すること ④必要な情報を時間内に収集すること ⑤自由奔放にアイデアを出すよう努力すること ⑥各種障害を乗り越えるよう努力すること ⑦柔軟な精神を持ち積極的に行動すること ⑧意思決定における態度を変革すること ⑨チームワークを高めるように努力すること ⑩「必ず成果を上げる」という信念を持つこと

◆図表5-11　VE活動におけるチームリーダーの役割とチームメンバーの心構え

VEの詳細ステップ～価値創造のための問題解決プロセス～

VE対象の情報収集

ここでは、VEの対象テーマを「ヘルメット製品」として、VEの進め方（VEの詳細ステップ）を説明します。

最初のステップは、「**VE対象の情報収集**」です。このステップの主な目的は、対象テーマをチームメンバー全員が共通して理解することです。特定の場面、または特定の製品やサービスについての特有の意味を持つ特有情報を収集します。ヘルメット製品の場合、特有情報とは、現状ヘルメットの売上数量や販売単価、性能（仕様）などで、この情報を収集することで、対象テーマの現状把握が可能になります。

VE対象の情報収集は、図表5-12の手順で実施します。

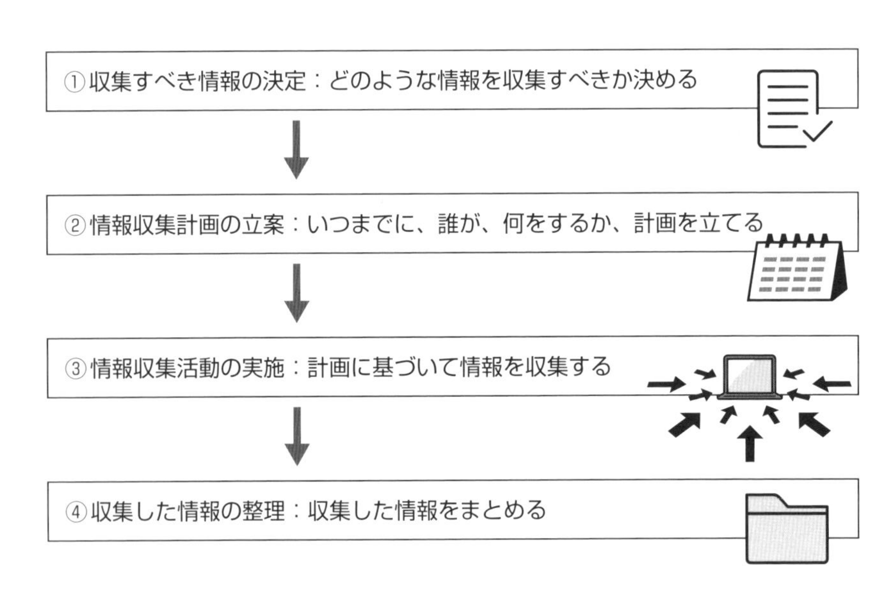

◆図表5-12　VE対象の情報収集の手順

機能の定義

次のステップは**機能の定義**です。このステップの主な目的は、構成要素の機能を明確にすること、アイデア発想の思考を拡大させることです。機能とは、製品・サービスやその構成要素が果たす固有の働きのことです。

機能は、性質から使用機能と貴重機能、重要性から基本機能と二次機能、必要性から必要機能と不必要機能に分類できます。そして、機能を定義する方法は、名詞と動詞の2語によって、「〜を〜する」と簡潔に表現することです。ヘルメットの場合、クッションの機能は「衝撃を緩和する」、ひもの機能は「顔を固定する」になります。機能を定義する際には、意図されている特定の働きを定義すること、モノの立場になって定義することに留意する必要があります。

機能の定義は、図表5-13の手順で実施します。

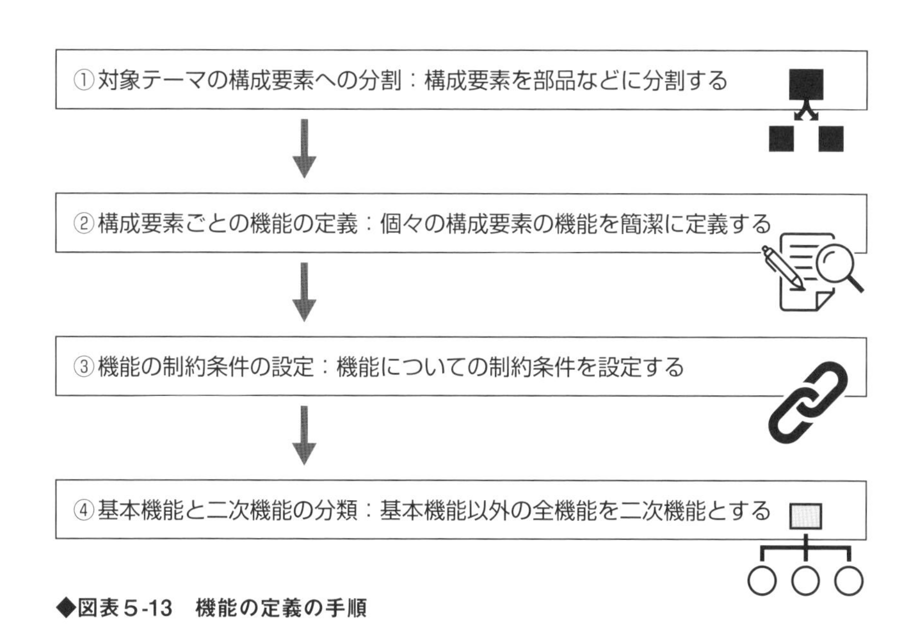

◆図表5-13　機能の定義の手順

≫機能の整理

3つ目のステップは、**機能の整理**です。このステップの主な目的は、対象テーマが果たすべき機能を明確にすることです。そして、機能を整理する方法は、構成要素の個々の機能を、「目的と手段」の関係で体系化し、機能系統図を作成することです。機能系統図によって、対象テーマの現状把握やあるべき姿を描くことが可能になります。また機能系統図の中で、特定の機能を目的とした場合、その機能に従属する下位の機能のまとまりを機能分野と呼び、基本機能を達成するための重点となる機能のつながりのことを重点機能系列と呼んでいます。

機能の整理は、図表5-14の手順で実施します。

①機能のカード化：個々の機能を１機能、１枚のカードに転記する

↓

②機能の関連付け：1つのカードを取り出し、その機能の目的を考える。目的に該当する機能を最初のカードの左側に位置付け、これを繰り返す

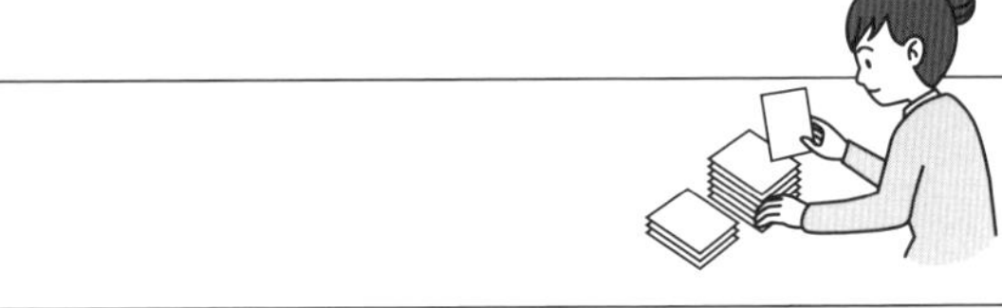

↓

③機能系統の確認：機能相互の関連が目的－手段であることを確認する

↓

④制約条件の設定：機能についての制約条件を該当機能カードに記載する

◆図表5-14　機能の整理の手順

≫ 機能別コスト分析

第４のステップは、**機能別コスト分析**です。このステップの主な目的は、特定の機能を果たすために費やされている現行方法のコストを明確にすることです。機能系統図に基づいて、機能分野ごとに、現行方法のコストを把握します。

構成要素が複数の機能分野に関連している場合には、構成要素のコストをそれぞれの機能分野へ配賦します。コストの配賦方法には、消費による配賦（特定の機能を果たすために、どのような資源がどれだけ消費されているかを把握する）、貢献度評価による配賦（個々の構成要素が機能の達成にどれだけ貢献しているかを分析する）、均等割りによる配賦（コストを機能分野に均等に配賦する）があります。

機能別コスト分析は、図表5-15の手順で実施します。

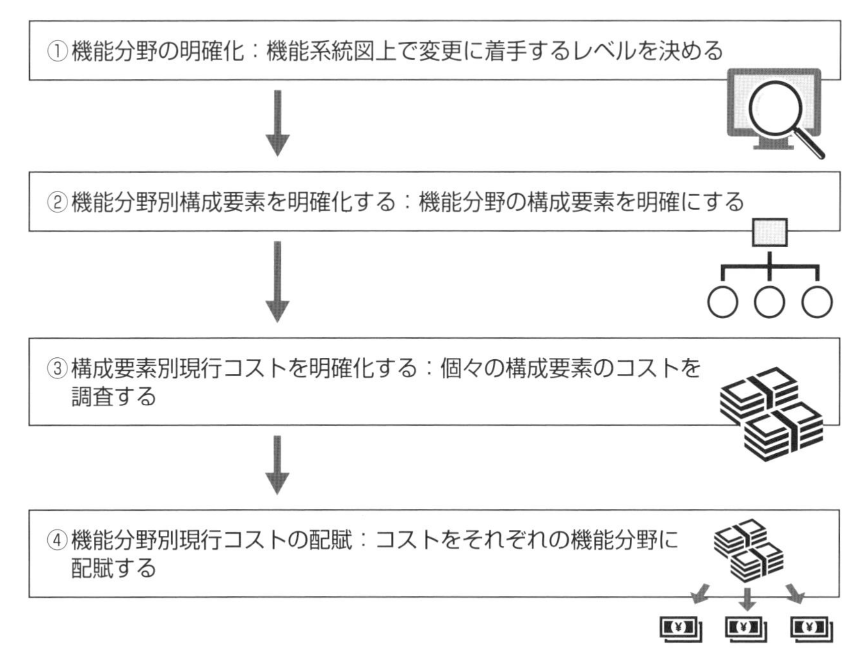

◆図表５-15　機能別コスト分析の手順

≫ 機能の評価

第5のステップは、**機能の評価**です。このステップの主な目的は、特定の機能を果たすためのコスト目標とすべき機能評価値（特定の機能を果たす複数の手段のコストの中で最小のコスト）を設定することです。主に、実績価値標準による評価（機能を達成するために費やされている実際のコストに基づく評価）、アイデア想定による評価（機能を果たすと思われるアイデアの想定に基づく評価）、機能の重要度比較による評価（顧客の立場に立った機能の重要度に基づく評価）という3つの評価方法で、機能評価値（目標コスト）を設定します。

機能の評価は、図表5-16の手順で実施します。

①機能評価方法の選択：実績価値標準、アイデア想定、機能の重要度比較による評価などの中から評価方法を選択する

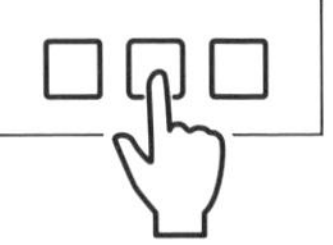

↓

①機能評価の実施：実績価値標準による評価の場合……既存品の情報収集、既存品の調査、既存品のコスト見積り、実績価値標準の設定、機能評価値の決定を行う

◆図表5-16　機能の評価の手順

≫ 対象分野の選定

第6のステップは、**対象分野の選定**です。このステップの主な目的は、価値の低い機能分野を選定することです。機能分野ごとに、価値の程度とコスト低減余地を比較して、価値改善の優先順位を決めます。

優先順位の決定は、コスト低減余地を重視し、コスト低減余地が同じ場合は、価値の程度が小さいほうを重視します。また金額に表れない問題、たとえば、品質不良問題や顧客クレーム問題なども考慮して決定します。それぞれの計算式は次の通りです。

価値の程度 ＝ 機能評価値（F）／現行コスト（C）

コスト低減余地 ＝ 現行コスト（C）－機能評価値（F）

対象分野の選定は、次の手順で実施します。

①機能分野の価値の程度の評価（現行方法の価値の程度の（F/C））
②機能分野のコスト低減余地の評価（コスト低減余地（C－F））
③価値改善の優先順位の決定

≫アイデア発想

第７のステップは、**アイデア発想**です。このステップの主な目的は、機能の達成に役立つアイデアを生み出すことです。アイデアとは、代替案のもとになる思いつきや工夫のことです。機能系統図を活用し、「その機能を果たすためにはどうすれば良いか」を考え、アイデア発想します。

価値の高い解決策（代替案）を作成するためには、できるだけ多くのアイデアが必要です。そのため、アイデア発想ではアイデアの数を増やすことを心掛け、アイデアの判断を後回しにする必要があります。

多くのアイデアを発想するために開発された技法に、ブレーンストーミング（BS）法（集団の効果を活かして、自由にアイデアを発想する）、シネクティクス法（一見、関係のないものを関係づけるという類比のテクニックを使う）、チェックリスト法（あらかじめチェックすべき項目をリスト化して、アイデアを生み出す）、特性列挙法（対象物の特性に注目してアイデア発想する）などがあります。

アイデア発想技法の中で最もよく活用されているのがオズボーン氏の開発したブレーンストーミング（BS）法です。BS法には多くのアイデアを生み出すために、①批判厳禁、②自由奔放、③量を求む、④改善結合の４つの守るべき規則があります。

これらの規則はアイデア発想を阻む、図表5-17にある3つの関所を取り除くために有効です。批判厳禁は、他の人の意見を批判せず、よく聞くことで、批判されるのが怖いという、人間の感情が発想の障害になる「感情の関」を取り除くのに有効です。自由奔放は、自由に発言することで、型にはまりやすい、文化社会を支える枠がかえって発想の障害になる「文化の関」を取り除くのに有効です。量を求むは、たくさんアイデアを出すことで、本当の問題がつかめていない、問題を誤って捉えることから生じる「認識の関」を取り除くのに有効です。そして、改善結合は、他の人のアイデアにアイデアを付け加える（便乗する）ことで相乗効果を生み出し、アイデアを増やします。

アイデア発想技法

ブレーンストーミング法　集団の効果を活かして自由にアイデアを発想する技法。「4つの規則」を守る

①批判厳禁　②自由奔放　③量を求む　④改善結合

アイデア発想の障害除去　アイデア発想を阻む**関所**を意識して取り除く

感情の関
人間の感情などが発想の障害になる。批判されるのが怖いなど

文化の関
文化社会を支える枠がかえって発想の障害となる。型にはまりやすい、色メガネで物事を見るなど

認識の関
問題を誤って捉えることなどから生じる障害。本当の問題がつかめていないなど

◆図表5-17　アイデア発想技法のひとつブレーンストーミング法

アイデア発想はどの機能レベルからでも可能ですが、上位機能からの発想は異質なアイデアが得られやすく、下位機能からの発想は具体的なアイデアが得られやすい傾向にあります。

アイデア発想は、次の手順で実施します。

①アイデア発想機能の決定：「対象分野の選定」ステップで決めた優先

順位で、アイデア発想する機能分野を選ぶ（例：「落下物を耐える」制約条件荷重○○kg以上）

②アイデアの発想：選んだ機能を果たすには、どうすれば良いかを考えてアイデア発想技法を活用し、機能の達成に役立つアイデアをできるだけ多く生み出す（例：素材を変える、形を変える）

③アイデアの略図化：アイデアをヒントにして、アイデアを略図で表す

④アイデアの分類・整理：同一アイデアを１つのグループにまとめる

⑤アイデアの追加：不足していればアイデアを追加する

概略評価

第８のステップは、**概略評価**です。このステップの主な目的は、個々のアイデアについて価値向上の可能性を探ることです。機能とコストの両面からアイデアを評価します。この評価結果に基づいて、次のステップ「具体化」で検討すべきアイデアを決めます。アイデアを育て、可能性のあるアイデアをできるだけ残すようにします。

概略評価は、次の手順で実施します。

①技術的可能性の評価

個々のアイデアについて、「必要な機能（制約条件を含めて）を現在の技術で達成できる可能性があるか」を評価します。

②経済的可能性の評価

個々のアイデアが「コスト目標の達成に貢献する可能性があるか」、または「現行コストよりも安くなる可能性があるか」で評価します。

③総合評価

上記①および②の評価結果に基づいて、アイデアの採否を決めます。

≫ 具体化

第９のステップは、**具体化**です。このステップの主な目的は、価値の向上が期待できる複数の代替案を作成することです。機能とコストの両面からの達成度を追求し、利点を活かし欠点を克服する代替案（解決策）を具体的に考えます。

アイデアの利点・欠点を分析し、欠点の克服、洗練化するといった活動を粘り強く繰り返す過程を**具体化のサイクル**といいます。このサイクルの中で、アイデアの利点・欠点の分析やアイデア評価のときには、複数の情報から１つの結論へと見いだしていく思考法（収束思考）を活用します。一方、広い範囲の知識や経験を活用してアイデア発想するときには、要素や選択肢を思いつくだけ見いだしていくような思考法（発散思考）を活用します。具体化のサイクルでは、この収束思考と発散思考を使い分けることが重要になります。

具体化は、次の手順で実施します。

①具体化の着手順位決定

概略評価のステップで残したアイデアの中で、具体化すべきアイデアに優先順位を付けます。

②アイデアの組み合わせ

アイデアが組み合わせられるときは、組み合わせたアイデアを作成します。

③利点・欠点の分析

アイデアの利点と欠点を列記します。

④欠点の克服

アイデアの欠点を克服するためのアイデアを発想し、そのアイデアを評価します。

⑤洗練化

欠点克服アイデアを最初のアイデアに追加します。

⑥機能別代替案の統合化

それぞれの機能分野について、洗練化した代替案（解決策）を組み合わせて、全体としての代替案（解決策）を作成します。

≫ 詳細評価

第10のステップは、**詳細評価**です。このステップの主な目的は、複数の代替案の中から価値向上が実現できる代替案を選択することです。代替案（解決策）の価値が向上することを技術的、経済的な面から評価します。

技術性の評価では、個々のアイデアについて、「必要な機能（制約条件を含めて）を現在の技術で達成できるか」を評価します。経済性の評価では、代替案のコストを詳細に見積もるとともに、現行案と代替案のコスト差額と代替案を実施するために必要なコストを見積もって期待される効果を予測し、代替案の優先順位を決めます。そして、総合評価では、技術性の評価結果と経済性の評価結果に基づいて、個々の代替案を比較し、代替案（解決策）を決めます。

詳細評価は、次の手順で実施します。

①技術性の評価

顧客の要求事項や製品仕様などの評価項目で、代替案の技術性を評価します。

②経済性の評価

個々の代替案のコストを見積もります。そして、以下の年間正味節約額を評価し、優先順位を決めます。

年間正味節約額＝（現行方法の単位コスト－代替案の単位コスト）×
年間適用数量－経常外コスト

ここでいう経常外コストとは、代替案を実施するために、新たに発生するコストのことで、試作・テスト費、型・治工具などのことです。

③総合評価

技術性と経済性の評価結果に基づいて、個々の代替案を比較し、代替案（解決策）を決めます。

以上で、10の詳細ステップは終了ですが、対象テーマの価値向上には、代替案（解決策）の実施が必要です。そのため、代替案（解決策）の実施に関わる人々に、代替案の採用を働きかける提案をします。提案には、提案書などの記述形式とプレゼンテーションなどの口述形式があります。

提案の記述形式では、読み手の立場になって、代替案（解決策）の内容を図表でわかりやすく記述し、口述形式の提案では、聞き手の立場になって丁寧に説明することが重要です。

VEの活動事例～価値向上の4つのタイプのVE活動～

コスト低減型VEの事例

図表5-18は、コスト低減型VEの例です。部品の購入仕様はそのままで、その仕様を標準品として持つメーカーに購入先を変更することで、製品の部品コストを低減し、製品の価値を向上させたものです。購入品のコスト低減活動（調達コスト低減活動）が企業収益に与える影響が最も大きく、取り組みやすいため、コスト低減型VEが最も多く行われています。

また取引先が1社のみの場合、取引先と共同で、取引先の社内コストを低減し、購入価格を低減する活動を実施しています。これを**取引先共同VE**と呼んでいます。

<コスト低減型VE>

Aメーカーでは特殊仕様の部品がBメーカーでは標準仕様であり、安価に購入できた

$$V（価値）= \frac{F（機能）}{C（コスト）}$$

F（機能）➡ 部品仕様そのまま

C（コスト）⬇ 部品コスト低減

標準部品の採用によって部品コストを低減する

◆図表5-18　標準部品採用によるコスト低減型VEの事例

›› 機能向上＋コスト低減型VEの事例

機能向上＋コスト低減型VEの例として、コロナ禍における有名歌手の発信ライブを紹介します。通常、コンサート会場の収容人数から参加人数が制限される音楽ライブコンサートサービスはチケットが高額ですが、配信ライブによって多くの人が参加できるようになり、安価なチケット（コスト低減）が実現できました。さらに、期間限定でもう一度映像を見られる見逃し配信も可能になり、その機能も向上できました。これらによって音楽ライブコンサートサービスの価値が向上し、多くの顧客の満足度が向上しています。

このように機能向上＋コスト低減型VEは、革新的な代替案（解決策）が創造できます。多くの専門家の知識と技術、投資が必要で、組織的努力と機能的研究を活用し、**活動メンバー全員で、「何のため、誰のため」と考える**必要があります。まさにVEが最も強みを発揮する活動です。

›› 機能向上型VEの事例

ヨーグルト製品のフタの機能向上型VEの例があります。従来、ヨーグルト製品のフタに付着したヨーグルトは、食品ロスや廃棄の際の洗浄の手間が発生し、顧客の不満につながっていましたが、撥水性包装材料を活用することでヨーグルトが付着しなくなり、これらの不満が解消されました。ヨーグルト製品の価格はそのままで、機能が大きく向上したため、多くの顧客の満足度が向上しました。このヨーグルト製品の価値向上によって販売数量は拡大し、売上は大きく拡大しました。

機能向上型VEは、**最新のテクノロジーをいかに駆使して、顧客のさまざまな問題や課題を解決できるか**が重要で、まさに多くの専門家の知識と技術を結集させる、VEが強みを発揮する活動です。

›› 機能強調型VEの事例

通気性向上マスクの機能強調型VEの例があります。従来のマスク製品は、花粉・ウイルスを99%カットするが、通気性は良くないという顧客の不満がありました。これをエレクトロスピニング製法によって、太さの違う繊維を組み合わせることで、高い捕集性能と通気性を同時に実現しました。価格は1枚当たり約14円高くなりましたが、通気性向上による息がしやすいという機能が大きく改善されたため、多くの顧客の満足度が上がりました。このマスク製品の価値の向上によって、販売数量は拡大し、売上は大きく拡大しました。

機能強調型VEは、**顧客が何に感動するかを十分調査すること**が重要で、まさに使用者優先の原則に基づく取り組みが必要になります。

5-11 調達エンジニアリング〜技術的な視点でコスト低減活動を実践〜

›› 調達エンジニアリングの機能

技術的な視点で調達活動をすることを**調達エンジニアリング**と呼び、研究開発や設計、製造などの技術部門から人材を集め、調達エンジニアリング部という部門を設置している企業があります。技術的な視点でコスト低減活動の強化に取り組んでいます。代表的な担当業務は次の通りです。

・コスト戦略

調達コストの中期計画／年度計画を立案します。調達コスト中期計画の策定、調達コスト改善推進、調達コスト低減施策の立案と実行、年度予算策定／評価に取り組んでいます。

・ベンチマーキング

購入品（部品材料・外注品）に関するコストのベンチマーキングを実施します。競合企業の調査計画立案、購入品のコスト評価、ティアダウン（66ページ参照）、購入品のコストのベンチマーク設定、コスト達成課題の解決推進に取り組んでいます。

・コストマネジメント

購入品（部品材料・外注品）および製品のコスト管理とコスト目標達成活動の支援、コスト管理手法／仕組みの整備・改善を実施しています。また、製品開発のフェーズごとのコスト審査を実施し、コストマネージャ（専任者）の育成と派遣を実施しています。経営者への経営判断のための判断材料を提供しています。

先進企業事例～ROE、ROAを向上させる調達活動～

≫ 経営指標に直結するコスト低減活動

調達先進企業では、**ROE**（自己資本利益率）や**ROA**（総資産利益率）の向上を目的に、図表5-19にある部材、生産、間接コストの低減や販売数量の拡大、在庫低減などのためにさまざまな調達活動に取り組んでいます。

ROEはROA×財務レバレッジ（総資産／自己資本）で計算されます。財務レバレッジの部分は経理戦略のため、調達部門ではROAの部分の向上が対応可能になります。

またROAは「収益性」を表現する「売上高利益率（＝利益／売上高）」と「効率性」を表現する「総資産回転率（＝売上高／総資産）」を掛け

ROE（自己資本利益率）＝ ROA（利益／総資産）× 財務レバレッジ（総資産／自己資本）									
ROA ＝ 利益／総資産 ＝（利益／売上）×（売上／総資産）									
【収益性】売上高利益率 ＝ 利益／売上高 ×				【効率性】総資産回転率 ＝ 売上高／総資産					
売上原価低減		販管費低減	営業外費用低減	売上高拡大		流動資産低減			固定資産低減
部材コスト低減	生産コスト低減	間接コスト低減		販売数量拡大	売価アップ	材料在庫低減	仕掛在庫低減	製品在庫低減	不要資産減却
・開発購買 ・集中集約購買 ・部品標準化	・内外製戦略 ・生産効率向上 ・生産標準化	・業務効率向上 ・光熱費低減 ・広告宣伝費低減 ・通信費低減 ・旅費交通費低減 ・事務用品費低減		サプライヤーの増産体制構築	サプライヤーの新技術・新製品の導入	・納期短縮 ・適正発注	・製品リードタイム短縮 ・適正在庫		不要設備・不要倉庫減却

◆図表5-19　ROE、ROAを向上させる調達活動の例

合わせたものになることから、ROAを向上させるためには、**売上高利益率と総資産回転率を向上させる調達活動が必要になってきます**。そこで、調達先進企業の中には、財務諸表の売上原価や販売管理費、営業外費用などの指標をKPI（Key Performance Indicator：重要業績評価指標）として調達活動に取り組んでいる企業があります。

第6章

納期管理

本章では、購入品の納期管理について解説します。納期管理の重要なポイントは、「リードタイム短縮」と「納期遵守」です。リードタイムとは発注から納品までの企業活動に要する総期間で、これを最短化する方法や、納期遅延を早期に発見することで対策ができ、納期遵守率を向上させる方法がわかります。購入品の納期管理に活用してください。

納期管理とは?
～リードタイムと納期の考え方～

≫ 納期とリードタイムの定義

納期とは、納入される時期、または期限のことで、たとえば「○月○日」と表せます。一方、**リードタイム**とは、発注から納入までの期間のことで、たとえば「○○日間」と表されます。

納期には、**要求納期**と**約束納期**の２種類の納期があります。要求納期は調達側がサプライヤーに要求した納期のこと、約束納期は調達側に対してサプライヤー側が納入できると約束した納期のことです。

≫ 納期管理とリードタイム管理の定義

納期管理とは、生産計画を遵守するために納期遅延を未然に防止し、納期が守られる対策をすることです。納期遅れの原因を分析し、根本原因を取り除きます。

一方、**リードタイム管理**とは、発注から納品までの期間を最短化し企業活動の効率性を向上させるために、リードタイムを短縮する対策をすることです。リードタイムの現状を把握し、目標を設定して、その最短化に取り組みます。

納期管理とリードタイム管理は、生産計画や資材所要計画、在庫管理、工程管理、基礎情報管理などと同様に、生産管理の一部として位置付けられ、製品の製造に非常に重要な役割があります。

6-2 納期遅延とリードタイム長期化問題の原因～原因を考える～

≫ 納期の遵守とリードタイムの短縮・設定への責任

調達部門は、納期の遵守とリードタイムの短縮・設定に責任があります。そのため、納期遅延とリードタイム長期化にはどのような問題があり、どのような対策をするべきか知っておく必要があります。

≫ 納期遅延問題の原因

納期遅延問題の原因を発注者側に起因する場合とサプライヤー側に起因する場合に分けて以下に示します。このような問題が発生する可能性があることを知っておくことと対策をすることが必要です。

【発注側起因の場合】

・最終図面が完成していなかったため、設計変更・仕様の変更が生じた
・サプライヤーの生産能力を十分把握できなかったため、無理な納期で発注した
・数量増加や注文の前倒しによる納期前出しなどの生産計画の変更が調達部門に伝わらなかったため、サプライヤーへの連絡に不備があった

【サプライヤー側起因の場合】

・生産能力が不足しているにもかかわらず、営業担当者が無理な納期で受注した
・サプライヤー側で部材入手が遅延したため、製造部門への部材支給の遅れが発生した
・サプライヤー側の工程管理・品質管理に不備があった
・サプライヤー側の製造現場で設備故障が発生した

・約束した納期の設定が間違っていた

≫ リードタイム長期化問題の原因

リードタイム長期化問題の原因を以下に示します。このような問題が発生する可能性があることを知っておくことと対策をすることが必要です。

・購入品の生産リードタイムが不明であるため、調達リードタイムの目標が設定できない
・調達リードタイムを管理する部門がないため、調達リードタイムの管理が組織的に機能されない
・誰がいつまでに何をするかが明確でないため、調達リードタイムの管理活動が計画されない
・調達リードタイムの管理に関する業務マニュアルがないため、調達リードタイムの管理が実施されない
・調達リードタイムの管理に関する評価指標がないため、調達リードタイムの管理実績が評価されない
・調達リードタイムの管理に関する教育がないため、調達リードタイムの管理に関するスキルがない
・調達リードタイムの管理に必要な情報が不足しているため、調達リードタイムの管理に関する情報が発信されない

6-3 納期管理の進め方 ～納期厳守とリードタイム短縮～

納期遵守の進め方

調達業務プロセスのパーチェシングの納期管理では、次の手順で納期遵守を進め、納期厳守率を向上させます。

【購入品の納期遵守の進め方】

①納期遅延の原因分析をする（現状分析）
②改善課題を抽出する
③根本原因を取り除く（改善・対策）
④施策の定着化・歯止めに取り組む

リードタイム短縮の進め方

調達業務プロセスのソーシングでは、次の手順で購入品のリードタイムの短縮に取り組みます。

【購入品のリードタイム短縮の進め方】

①リードタイム長期化の原因分析をする（現状分析）
②リードタイムの目標を設定する
③リードタイムの改善・対策をする
④施策の定着化・歯止めに取り組む

6-4 納期の評価基準指標例 ～納期遅延率と納期遵守率～

›› 代表的な納期の評価基準指標

納期の代表的な評価基準指標を図表6-1に示します。代表的な納期の評価基準指標は、①件数の納期遅延率、②納期遵守率、③特定日数に対する納期遅延率、④平均遅れ日数の４つです。それぞれについて説明し

評価基準指標	計算式
件数の納期遅延率	納期遅延率 ＝ $\dfrac{\text{ある期間の遅延件数}}{\text{ある期間の総納入件数}}$ ×100(%)
納期遵守率	納期遵守率 ＝ $\dfrac{\text{ある期間の納期遵守件数}}{\text{ある期間の総納入件数}}$ ×100(%)
特定日数に対する納期遅延率	○日以上納期遅延率 ＝ $\dfrac{\text{ある期間の○日以上遅延件数}}{\text{ある期間の総納入件数}}$ ×100(%)
平均遅れ日数	平均遅れ日数 ＝ $\dfrac{\text{ある期間の遅れ日数の合計}}{\text{ある期間の遅延件数}}$ (日／件)

◆図表6-1　主な納期評価基準指標

ます。

1つ目の**件数の納期遅延率**は、ある期間中に納期遅れを起こした件数の割合のことで、全品目に指標が適用された場合、納期に問題がある品目がクローズアップできます。重要品目のみ指標が適用された場合でも、重要品目の時系列で整理できると納期の状況変化がわかります。

2つ目の**納期遵守率**は、ある期間中に納期を遵守した件数の割合のことで、全品目に指標が適用された場合、納期遵守品目がクローズアップできます。

3つ目の**特定日数に対する納期遅延率**は、ある期間中に○日以上の納期遅れを起こした件数の割合のことで、全品目に指標が適用された場合、納期問題のレベルがわかります。

4つ目の**平均遅れ日数**は、遅延した日数のことで、全品目に指標が適用された場合、納期に問題がある品目がクローズアップでき、納期問題のレベルもわかります。

これらの納期の評価基準指標を管理し情報発信することで、納期問題を社内の関連部署で共同で解決できます。

納期遵守とリードタイム短縮の施策例〜フォーキャストと確定発注〜

≫ 発注数量予測を伝える内示・確定発注方式

内示・確定発注方式（フォーキャスト）とは、確定注文ではないものの、あらかじめ直近の数カ月先の発注数量予測をサプライヤーへ伝える内示と引取責任が発生する確定発注を組み合わせた方式のことで、サプライヤー側の部材調達や製造の事前準備によって、購入品の納期遵守やリードタイム短縮、安定調達を実現するための手法です。

しかし、内示とまったく異なる数量で発注になる場合が現実には多くあります。図表6-2のように、内示によってサプライヤーは原料調達や部材の先行生産ができ、確定発注分の部材はほぼ輸送期間だけで納められるようになります。

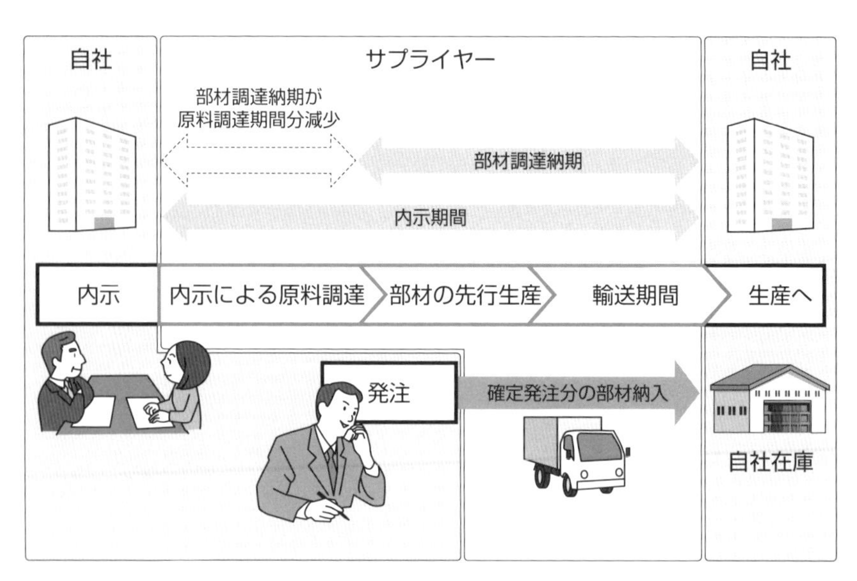

◆図表6-2　内示・確定発注方式（フォーキャスト）の例

内示・確定発注方式は便利な方式ですが、使い方を誤ると引取責任の数量が増加するなどの大きなトラブルになってしまう可能性があります。発注内示書の作成者は、サプライヤーと内容をよく議論し、合議しておく必要があります。9-4で説明する下請法で保護される対象サプライヤーとの取引の場合は、内示分を準備していたにもかかわらずまったく発注しない場合は、内示を発注に準じたものとして扱われることも多々あります。

決定した発注数量を伝える確定発注・納入指示分離

確定発注・納入指示分離（３段発注方式）とは、あらかじめ発注する総数を内示し、確定発注は翌月１カ月分とし、納入指示は毎週日別の数量を指示することで、サプライヤー側の部材調達や製造の事前準備によって購入品の納期遵守やリードタイム短縮、安定調達を実現するための手法です。図表6-3のように、あらかじめ発注する総数を確定して内示

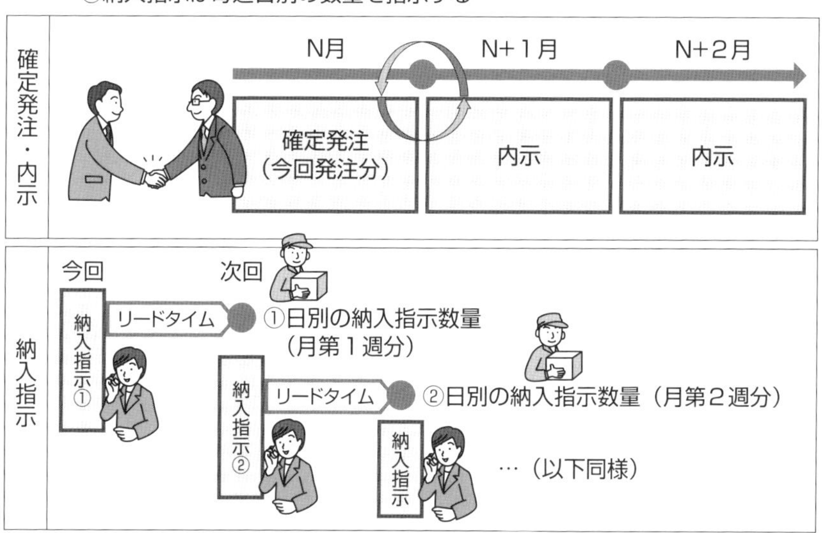

◆図表6-3　確定発注・納入指示分離（３段発注方式）の例

し、指定した日に分納します。

内示・確定発注方式との違いは、全数確定発注する点です。購入品の引取責任は1カ月分のみですが、全数が確定しない内示・確定発注方式よりサプライヤーに好まれます。ただし、確定発注・納入指示分離型方式も内示・確定発注方式同様、**サプライヤーと内容をよく議論し、合議しておく**必要があります。

›› VMI方式

VMI（Vendor Managed Inventory：ベンダー在庫管理）方式とは、5-2で説明した通り、生産計画の提示に基づき、サプライヤーが調達側に代わって、VMI部材倉庫に必要な量を必要なタイミングで補充することで、購入品の納期遵守やリードタイム短縮、安定調達を実現するための手法です。リアルタイムな在庫状況に応じてサプライヤーは納品できるため、生産数の調整や販売予測を立てやすくなり、生産効率の向上や物流コストの低減ができます。

›› かんばん方式（ジャストインタイム）

ジャストインタイムとは、トヨタ自動車が導入した生産方式であり、「必要なものを、必要なときに、必要な量だけ」供給することで、効率的な生産を目指すシステムのことです。このジャストインタイムを実現する仕組みが**かんばん方式**です。

かんばん方式は、部材倉庫で付けた「かんばん」を、製造時の部材使用時に外してポストに入れ、サプライヤーがそれを回収し、「かんばん」の枚数分部材を納品することで、購入品の納期遵守やリードタイム短縮、安定調達を実現するための手法です。「かんばん」には、購入品の品目名、品番、保管場所などの詳細情報が記載されています。かんばん方式をうまく導入することで、過剰在庫を防げます。

6-6 納期遅延対策とリードタイム短縮施策～リスクマネジメント～

納期遅延対策とリードタイム短縮の施策例

調達先進企業では、リスクマネジメントとして、納期リスクを全社で洗い出し、さまざまな納期遅延対策を実施しています。その事例を図表6-4に示します。またリードタイム短縮の施策を図表6-5に示します。

納期遅延要因	対　策
無理な納期で発注	社内要求元へは、「標準リードタイム表」による調達納期のPR、サプライヤーへはリードタイム短縮への協力を要請する
設計・仕様の変更が生じた	・社内要求元へは設計仕様を早急に伝える ・変更時は正規の手配ルールを変え、設計から調達部門へ連絡する
サプライヤーへの連絡に不備があった	・設計と調達部門のダブルチェックをする ・複雑な部材は見積時に設計者からサプライヤーへ詳細説明をする
サプライヤーの営業担当者が無理な納期で受注(能力不足)	・サプライヤーの生産能力を把握する ・生産計画表をサプライヤーから入手する ・サプライヤーとの情報交換を強化する
サプライヤー工程不良	・サプライヤーへ品質改善の指導をする ・特別採用や手直しの検討をする ・工場監査を実施し、改善点を指摘・指導する
管理システムの問題	・サプライヤーへシステム改善の指導をする ・改善活動の教育を実施する

◆図表6-4　調達先進企業の納期遅延対策の例

施策	説明
外注先サプライヤーとの共同VE	外注先サプライヤーと共同でリードタイム短縮に取り組む
内示・確定発注方式（フォーキャスト）	あらかじめ必要な原材料や工数の総量を示し、外注先サプライヤーが事前準備をする方法
確定発注・納入指示分離型（3段発注方式）	実際の納入の際に納入指示書を発行し、生産状況に合わせた分納を行う方式
VMI方式	• サプライヤー在庫のまま、あらかじめ発注メーカーの生産ライン側に直材を納入しておき、使った分だけ支払う方法 • 発注者側は自社倉庫に部材を確保でき、在庫もリードタイムもゼロとなる • サプライヤーは生産計画が提示されているので、部材の量を予測しやすく、保管場所も提供される
かんばん方式（ジャストインタイム）	納入指示の代わりに実績に基づく情報として「かんばん」を使う
納期交渉	最高Aと最低Bの目標により、交渉幅ZOPAや不合意の場合の代替案BATNAを持つ（143ページ参照）

◆**図表6-5　調達先進企業のリードタイム短縮の施策例**

第7章

品質管理

　本章では、購入品の品質管理について解説します。購入品の品質管理の重要なポイントは、「設計品質」と「適合品質」です。設計品質とは狙いの品質を作り込むことで、品質に影響を及ぼす因子の管理方法がわかります。適合品質とは製造時の出来栄えの品質を向上させることで、品質に影響を及ぼす因子の管理方法がわかります。第4世代の新しい調達では品質（仕様）の作り込みである「設計品質」に、調達部門がコストと納期向上の視点で参画することが最大の特徴です。購入品の品質（仕様）の作り込みと不具合品の対策に活用してください。

品質管理とは?
～設計品質と適合品質～

品質にはさまざまな種類がある

「**品質**」とは、品物またはサービスが、使用目的を満たしているかどうかを決定するための評価の対象となる固有の性質・性能の全体とJIS Z 8101で定義されています。品質にはさまざまな種類があり、製品やサービスのコンセプトに盛り込まれる企画品質や、製品仕様書や図面で定められる製品品質、購入された部材が設計品質にどの程度合致しているかで評価する購入品品質、製造された製品が設計品質にどの程度合致しているかで評価する製造品質、検査工程で使用する検査品質、顧客がその製品を使用するときの使用品質、サービス品質などがあります。

第4世代の新しい調達部門は、部品や原材料、設備などの「購入品品質」だけでなく、お客さまのニーズや目的を満たすための自社製品・自社サービスの仕様書や図面で定められた製品品質など、上記すべての品質を作り込むために、調達部門がコストと納期を向上させる視点から参画することが求められます。

調達部における品質管理の意味

「**品質管理**」とは、買い手の要求に合った品質の品物またはサービスを経済的に作り出すための手段の体系とJIS Z 8101では定義されています。顧客や社会が要求する品質を満たし、ニーズに合った製品やサービスを作って提供するための品質管理活動（品質マネジメント）という広義の意味と、顧客に提供する製品やサービスのみの品質管理活動、主に製造部や品質管理、生産技術、調達部などが中心に活動するという狭義の意味があります。

調達部の品質管理は、製品やサービスの品質を一定以上の水準に保証

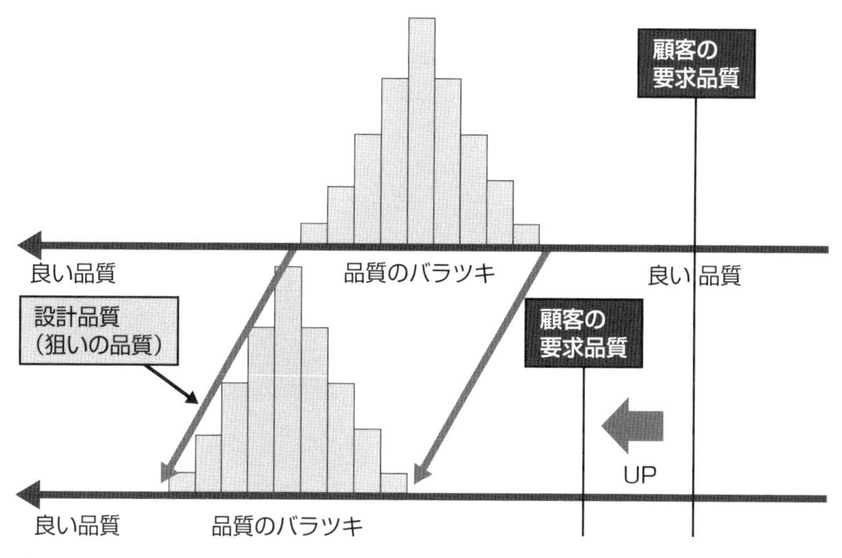

◆図表7-1　設計品質（品質の作り込み）のイメージ

して顧客に提供するために、購入品の品質を作り込み、不具合品を低減する活動になります。調達業務プロセスのソーシングでは、企画品質および製品品質の作り込み、購入品品質の作り込み、サプライヤー品質マネジメントなどの**設計品質**（狙いの品質）に取り組みます。一方、調達業務プロセスのパーチェシングでは、購入品の品質改善活動など**適合品質**（製造の出来栄えの品質）に取り組みます。

設計品質では、顧客の要求品質に対して、企業の設計技術や生産能力、経済性を加味して設計を行う上で、狙った品質を図表7-1の通り、**顧客の要求品質に合わせ、その品質水準を向上させる品質保証の取り組み**になります。調達担当者はコストと納期を向上させる視点から、品質（仕様）の作り込みを開発設計者などとともに取り組みます。

一方、適合品質では、設計品質を目標に製造された結果、作り出された製品の品質を図表7-2の通り、**製造の結果（出来栄え）の品質のバラツキを小さくする品質改善の取り組み**になります。調達担当者はコストと納期を向上させる視点から、品質（仕様）の改善に開発設計者などとともに取り組みます。

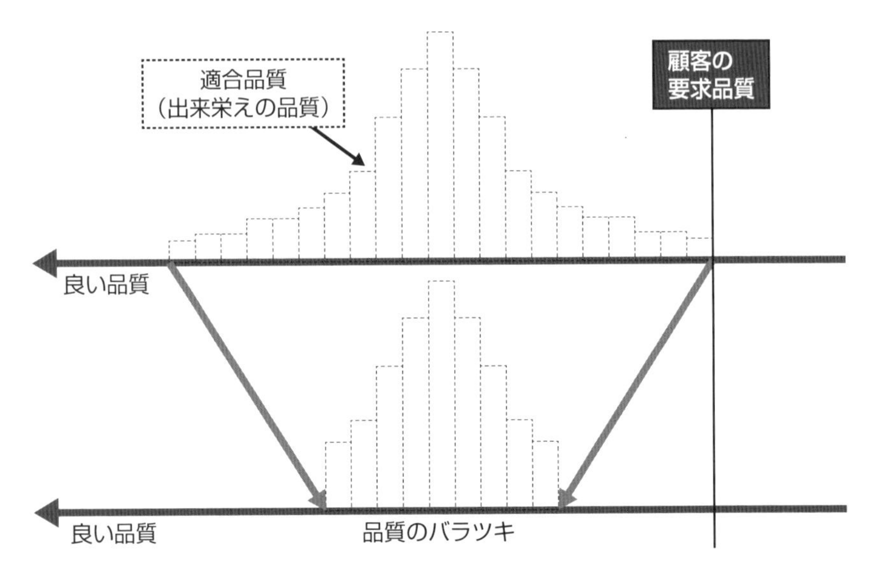

◆図表7-2　適合品質（品質の改善）のイメージ

品質のコストには、ライン停止、歩留まりロスなどで発生する**内部不良対応コスト**、調査是正措置、返品再納、修理などで発生する**外部不良対応コスト**、部品受入検査、試験設備などの**検査コスト**、品質計画、品質分析、予防保全などの**予防コスト**などがあります。

十分な品質の作り込みによって、検査コストや予防コストは増加しますが、不良率が低減できれば、内部不良対応コストや外部不良対応コストは低減します。一方、検査コストや予防コストを低くすると不良率が高くなり、結果として内部不良対応コストや外部不良対応コストは増加します。したがって、品質コストは**これらをすべて足し合わせたトータルコストで考える**必要があります。

7-2 品質管理の進め方〜PDCAサイクルとQCストーリー〜

PDCAサイクルの回し方

購入品の品質管理をうまく進めるためには、**PDCAサイクル**を回すことがお勧めです。PDCAサイクルとは、Plan（計画）、Do（実行）、Check（評価）、Action（改善）の頭文字を取ったもので、1950年代、品質管理の父といわれるW・エドワーズ・デミングが提唱したフレームワークです。図表7-3（A）のように、最初に計画を立て、その計画に沿って実行し、実施した結果を評価します。計画と結果に差異があれば改善を施し、再び計画から活動を開始するというサイクルを繰り返すことで品質レベルを向上させる進め方です。

図表7-3（B）に購入品の品質管理の進め方の例を示します。部品開発計画を作成し、設計者やサプライヤーとともに、部品購入仕様を作り込みます。部品試作と認定評価をし、評価結果から部品設計を改善し部品品質を向上させます。

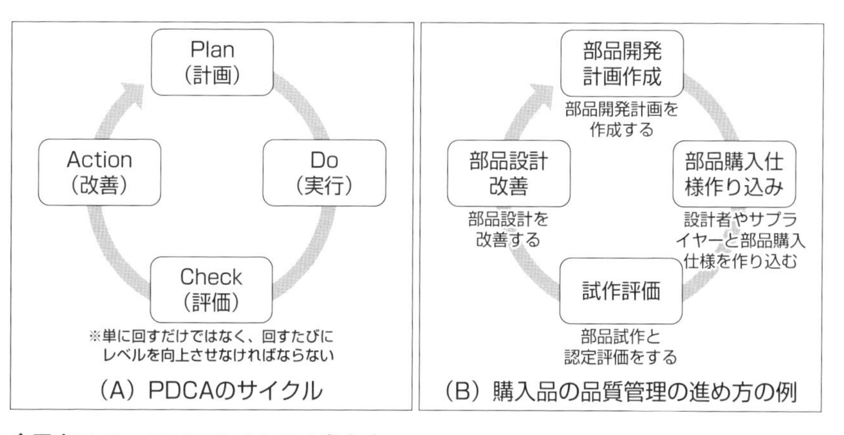

◆図表7-3　PDCAサイクルの考え方

≫ QCストーリーの進め方

購入品の品質向上テーマに取り組む際は、**QCストーリー**（Quality Control：品質管理）の手順で進めることがお勧めです。QCストーリーとは、品質管理における問題や課題の解決手順を示したものです。新規購入品を対象にした、より高いレベルの目標を達成するための手順（設計的アプローチ）である**課題達成型QCストーリー**と、継続購入品を対象にした、発生した問題に対する解決手順（解析的アプローチ）である**問題解決型QCストーリー**の２種類の進め方があります。

課題達成型QCストーリーは、図表7-4の通り、①テーマの選定、②あるべき姿の設定、③ギャップ分析と方策の立案、④成功シナリオの設定、⑤成功シナリオの実施、⑥効果の確認、⑦標準化と管理の定着、⑧反省と今後の対応の８つのステップがあります。

No.	課題達成型QCストーリー	
説明	より高いレベルの目標を達成するための手順（設計的アプローチ）	
対象	新規購入品	
1	テーマの選定	①問題の洗い出し、②テーマ候補のリスト化、③テーマの選定
2	あるべき姿の設定	目標の設定
3	ギャップ分析と方策の立案	目標の設定と現状との差を明確にし、対策を立てる
4	成功シナリオの設定	あるべき姿に到達するまでの筋道を作成する
5	成功シナリオの実施	あるべき姿に到達するまでの筋道を実行する
6	効果の確認	目標値と実績値を比較し、効果を確認する
7	標準化と管理の定着	①新たなルールを決める、②報告書を作成しデータも整理して残す、③結果と対策をオーソライズし、標準書を改訂する、④教育訓練を実施する、⑤改訂された手順が守られ効果が継続していることを監視する
8	反省と今後の対応	①反省点を整理し、今後の活動に活かす、②やり残した問題を次回のテーマの候補とする、③今後の計画を作る

◆図表7-4　課題達成型QCストーリーの進め方

No.	問題解決型QCストーリー	
説明	発生した問題に対する解決手順（解析的アプローチ）	
対象	継続購入品	
1	テーマの選定	①問題の洗い出し、②テーマ候補のリスト化、③テーマの選定
2	現状把握と目標の設定	①特性値の決定、②現物の観察、③工程の調査、④データの収集、⑤データの層別と視覚化、⑥目標設定
3	活動計画	①5W1Hを検討する、②それを活動計画にまとめる
4	要因の解析	①メカニズムの解明、②既存データによる解析、③データを新たに取って解析する
5	対策の立案と実施	原因を取り除く対策を考える
6	効果の確認	目標値と実績値を比較し、効果を確認する
7	標準化と管理の定着	①新たなルールを決める、②報告書を作成しデータも整理して残す、③結果と対策をオーソライズし、標準書を改訂する、④教育訓練を実施する、⑤改訂された手順が守られ効果が継続していることを監視する
8	残った問題と今後の計画	①反省点を整理し、今後の活動に活かす、②やり残した問題を次回のテーマの候補とする、③今後の計画を作る

◆図表7-5　問題解決型QCストーリーの進め方

一方、問題解決型QCストーリーは、図表7-5の通り、①テーマの選定、②現状把握と目標の設定、③活動計画、④要因の解析、⑤対策の立案と実施、⑥効果の確認、⑦標準化と管理の定着、⑧残った問題と今後の計画の８つのステップがあります。

問題解決型QCストーリーと課題達成型QCストーリーとの大きな違いは、対象とする現物の有無です。現物がある問題解決型QCストーリーでは現状把握から始まり、現物がない課題達成型QCストーリーではあるべき姿の設定から始まります。

7-3 QC 7つ道具 ～品質問題解決のための道具～

各種データの整理や関係性の分析に役立つ代表的な手法

購入品の品質向上テーマに取り組む際は、**QC 7つ道具**を活用することがお勧めです。QC 7つ道具とは、品質管理で活用するための、7つの道具の総称のことです。7つとは、①**パレート図**（問題を起こしている項目を図から判断し、対策の着手順位を決める。投入努力と得られる効果を考え、効率的に問題解決を進める）、②**特性要因図**（問題（特性）とその原因（要因）との関連を把握し、問題点対策の検討を進める。改善効果の高い要因に対し、標準化と歯止めを掛ける）、③**ヒストグラム**（データのバラツキを棒グラフで示し、分布状態のパターンで問題を検証する）、④**管理図**（工程の状態を時系列に捉え、安定した状況か否かを折れ線グラフで記録し、判断する。上方管理限界線（UCL）や下方限界線（LCL）を超えそうになったら、迅速に処置する）、⑤**チェックシート**（測定の記録に必要な項目やフォームを設けたシートで、計測や測定の結果を記録し、整理する。設備・機械の点検や作業点検などで異常データを見つけたら、すぐに是正処置をとる）、⑥**散布図**（対応する2つのデータの相互関係を見るために、横軸と縦軸に原因と結果を取ったグラフ）、⑦**グラフ**（2つ以上のデータの相対的関係を表す図であり、視覚的に全体の姿をわかるようにするための手法）です。

調達現場では、購入品に関わるさまざまなデータ（数値データ）を収集できます。集めたデータは、そのままの状態だと、どの部分にどんな問題があるのかよくわかりません。解決すべき問題の要因を特定するには、データを項目に分けて整理するなど、データの相関関係を分析する必要があります。こうした各種データの整理や関係性の分析に役立つ代表的な手法がQC 7つ道具です。

①パレート図

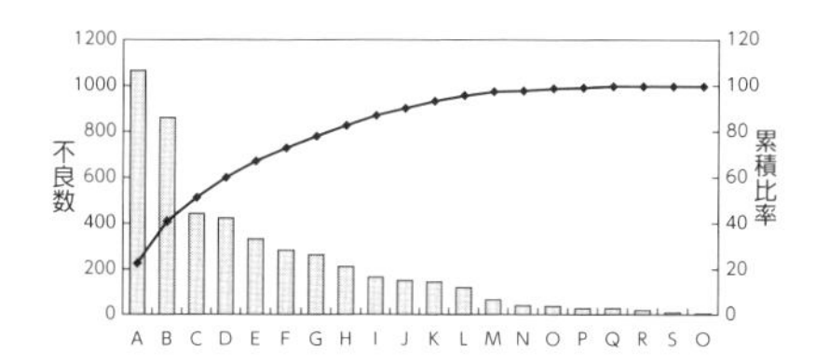

②特性要因図

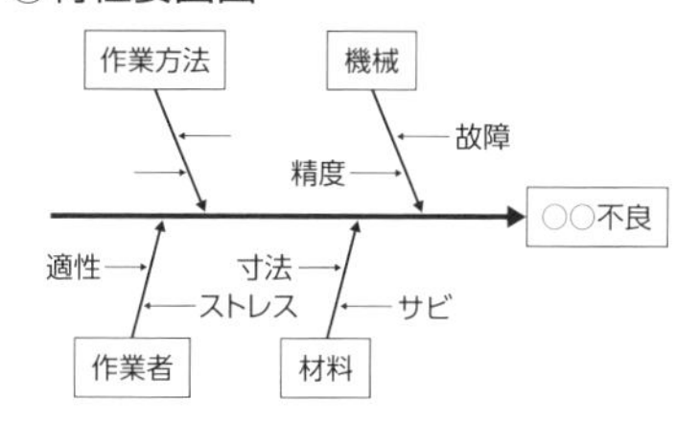

③ヒストグラム

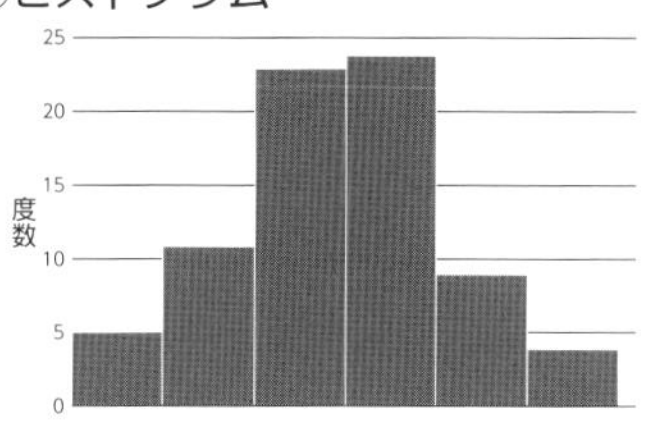

④管理図

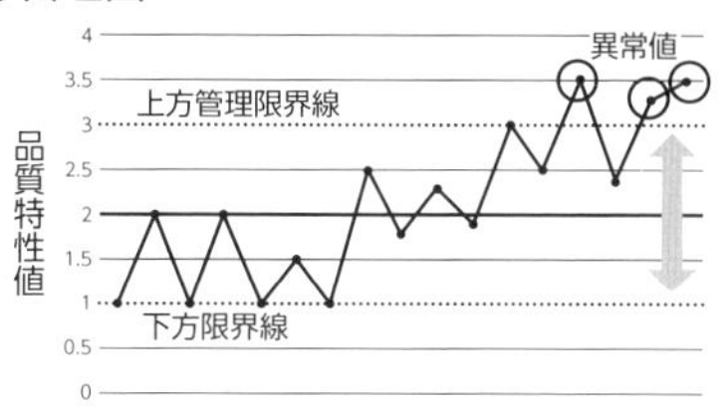

⑤チェックシート

No.	区分	日付				合計
		8/1	8/2	8/3	…	
1						
2						
3						
…						
合計						

⑥散布図

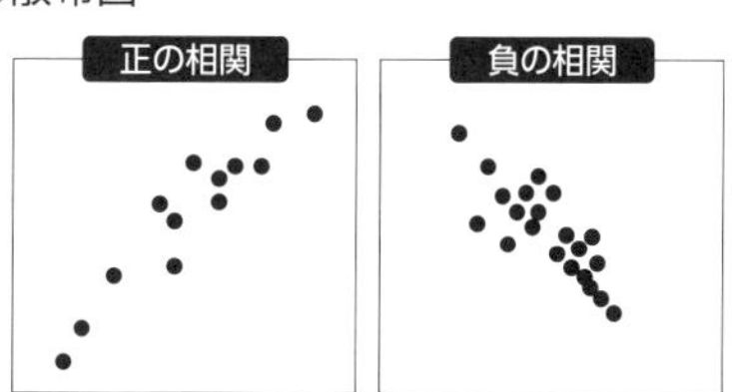

⑦グラフ

円グラフ

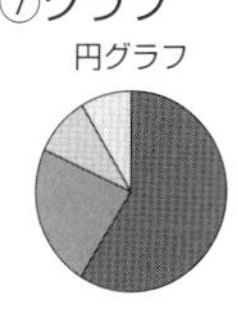

棒グラフ

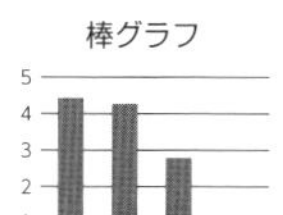

折れ線グラフ

帯グラフ

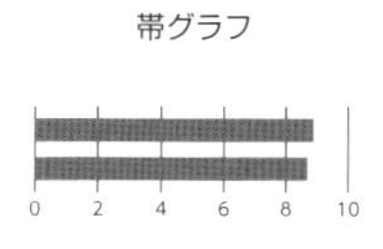

レーダーチャート

◆図表7-6　品質問題解決のためのQC7つ道具

7-4 品質の評価基準指標例～不良率、歩留まり、欠品率、不具合率～

≫品質の評価基準指標の設定のポイント

品質管理を進める際には、**品質の評価基準指標**を決めておくことが重要です。品質の評価基準指標とは、品質管理活動の状況を把握するための指標のことです。指標設定のポイントは、次の３つです。

・品質向上活動による成果が数値で簡単にわかる指標にすること
・評価頻度は、活動の前後および半年に１回程度とすること
・対象は全購入品あるいは重要購入品、品質トラブルがあった購入品などにすること

図表7-7に購入品の品質評価基準指標の例を示します。購入品の品質の評価基準指標では、購入品の全数に対する不良品の割合（不良（発生）率）や購入品の全数に対する良品の割合（歩留まり）、発注した数に対して納入してもらえなかった数の割合（欠品率）、発注した数に対して不具合が発生した数の割合（不具合率）などがあります。

購入品の品質評価基準指標	計算式	説　明
不良（発生）率	不良品／購入品全数×100	購入品の全数に対する不良品の割合
歩留まり	良品／購入品全数×100	購入品の全数に対する良品の割合
欠品率	納品不可数／発注数×100	発注数に対する納品できなかった数の割合
不具合率	不具合数／注文数×100	発注数に対する不具合数の割合

◆図表7-7　品質評価基準指標の例

7-5 サプライヤー工場監査 ～三現主義の徹底～

サプライヤー工場監査の進め方

購入品の品質管理では、**サプライヤー工場監査**を実施することが重要です。サプライヤー工場監査とは、サプライヤーを新規に認定・選定する際などに、実際にサプライヤーの工場を訪問し、品質管理体制や各種資料、品質改善の仕組みや現場での製造上の問題点がないかを確認することです。

図表7-8に具体的なサプライヤー工場監査の進め方の例を示します。サプライヤー工場監査では、品質・コスト・納期の真の実力を把握する

大項目	中項目	内容
工場監査実施日～2週間前	工場監査実施通知(新規監査の場合のみ)	• 工場監査実施希望を担当窓口に伝える • 実施日の日程調整をする • 工場監査チェックシートの事前記入を依頼する • 当日監査を行う工程のQC工程図を要求する
	事前準備	• 当日のスケジュール表を作成して希望を連絡する • 監査者、同行者の決定と連絡をする
		• QC工程図（製造工程図）を入手する • 工場監査実施計画書（スケジュール表に監査のポイントなどを記入したもの）を作成する • 質問事項をまとめる
当日	資料説明	工場の概要、品質管理体制、工程の説明などを受ける
	ライン見学	QC工程図に基づき、工程を監査する
	まとめ	監査のまとめ
後日	監査結果の通知	合否判断と通知をする
	報告書作成	監査内容を報告書にまとめる
	フォロー	報告書のコメント項目のフォロー

◆図表7-8 サプライヤー工場監査の進め方の例

ために、自分の目で現場、現物、現実を確認するという**三現主義を徹底させること**が重要です。

図表7-8で示す通り、工場監査では事前準備が必要です。工場監査実施を通知し、監査に必要なQC工程図などの資料を事前に入手し、質問事項をまとめておきます。工場監査当日は、品質管理体制や製造工程の説明を受け、監査を実施します。後日、監査結果と指摘事項を通知します。指摘事項に対する改善施策をサプライヤーから受け取り、施策の実施をフォローすることで、購入品の品質を向上させます。

7-6 5M管理による品質不良低減～外注先サプライヤーの品質意識の向上が重要～

ISO 9001品質マネジメント７原則による指導

調達先進企業の中には、完成外注先サプライヤーの**5M管理**を徹底させ、購入品の品質不良の低減に取り組む企業があります。5M管理とは、Material（材料・部品）、Machine（設備・機械）、Man（作業者）、Method（作業手順）、Measurement（検査・測定）の５つを管理することで、外注先サプライヤーの5M管理の強化により、安定した品質の完成外注品を調達しています。

調達先進企業では、日本品質保証機構の品質マネジメントシステムの規格である2015年版**ISO 9001品質マネジメント７原則**が品質管理教育の中で指導されています。ISO 9001品質マネジメント７原則とは次の７つの考え方です。

①顧客重視（組織はその顧客に依存しており、そのために現在および将来の顧客ニーズを理解し、顧客要求事項を満たし、顧客の期待を超えるように努力すべきである）
②リーダーシップ（リーダーは、組織の目的および方向を一致させる。リーダーは、人々が組織の目標を達成することに十分に参画できる内部環境を作り出し、維持すべきである）
③人々の積極的参加（すべての階層の人々は組織にとって根本的要素であり、その全面的な参画によって、組織の便益のためにその能力を活用することが可能となる）
④プロセスアプローチ（活動および関連する資源が１つのプロセスとして運営管理されるとき、望まれる結果がより効率良く達成される）
⑤改善（組織の総合的パフォーマンスの継続的改善を組織の永遠の目標

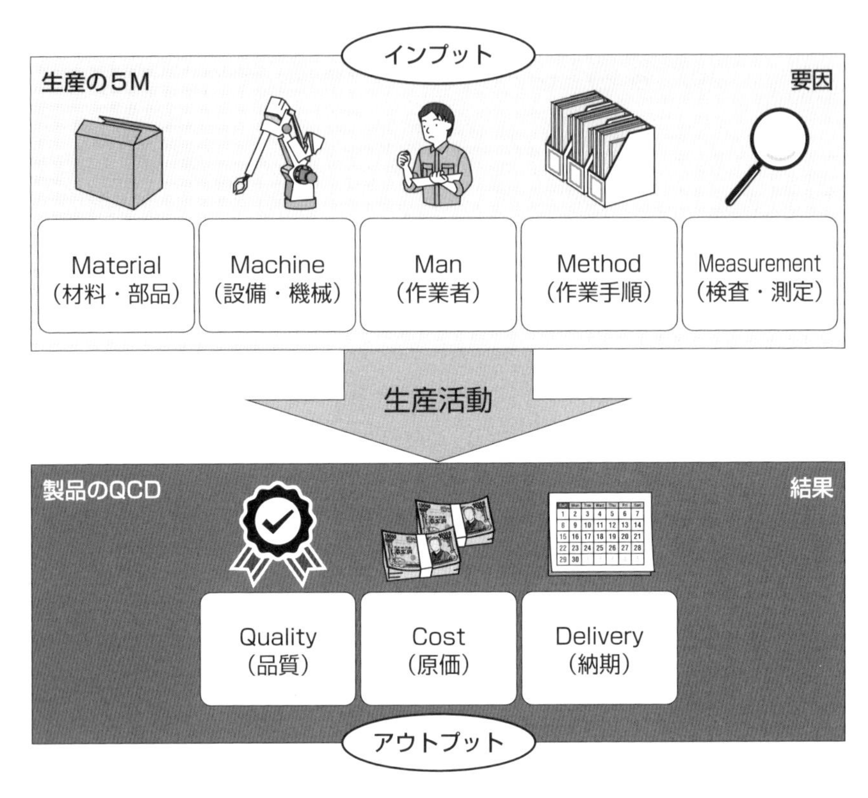

◆図表7-9　生産の5Mと製品のQCDの関係

とすべきである）

⑥客観的事実に基づく意思決定（効果的な意思決定は、データおよび情報の分析に基づいている）

⑦関係性管理（相互の関連するプロセスを1つのシステムとして明確にし、理解し、運営管理することが組織の目標を効果的で効率良く達成することに寄与する）

日頃から完成外注先サプライヤーに対しても品質に関する啓発活動を実施し、品質意識を向上させることが購入品の品質管理で最も重要です。

第8章

外注管理

本章では、外注管理について解説します。外注とアウトソーシングの重要なポイントは、「選定基準」と「評価改善」です。本章の内容を理解することで、業務委託先企業の選定の根拠をブラックボックス化しないための方法、業務委託先企業や業務・成果物を評価し改善する方法がわかります。外注管理業務を担当した際に活用してください。

8-1 外注とは? ～自社能力補完と過剰投資回避のための外部注文～

外注の定義

自社ではできない技術や機能、高コストになる技術や機能などを補うために、その技術や機能の**外注化**が進んでいます。外注とは、自社（発注者側）の指定する設計・仕様・納期によって、外部の企業（受注者側で外注工場、協力工場ともいう）に、部品加工または組立てを委託する方法とJIS Z 8141-2110（2001年）で定義されています。つまり、外注とは、**コスト低減のために外部の企業に業務を委託すること**で、外部業者による業務代行のことです。外部注文の略ともいわれています。

外注の種類は、製品では完成外注、部分外注、ユニット外注があり、部品では、加工外注、工程外注、組立外注があります。

外注の契約

外注の契約には、成果物が完成品である**請負契約**と成果物が作業完了である**委任・準委任契約**があります。請負契約は仕事の完成に対して報酬を支払う契約、委任契約は法律に関する業務を委託する契約、準委任契約は事務処理などの事実行為を委託する契約です。

外注先サプライヤーの利用目的

外注の利用目的は図表8-1に示す通り、専門技術の活用やコスト低減、部門機能の代替といった自社能力の補完や、生産能力の調整などの過剰投資回避があります。

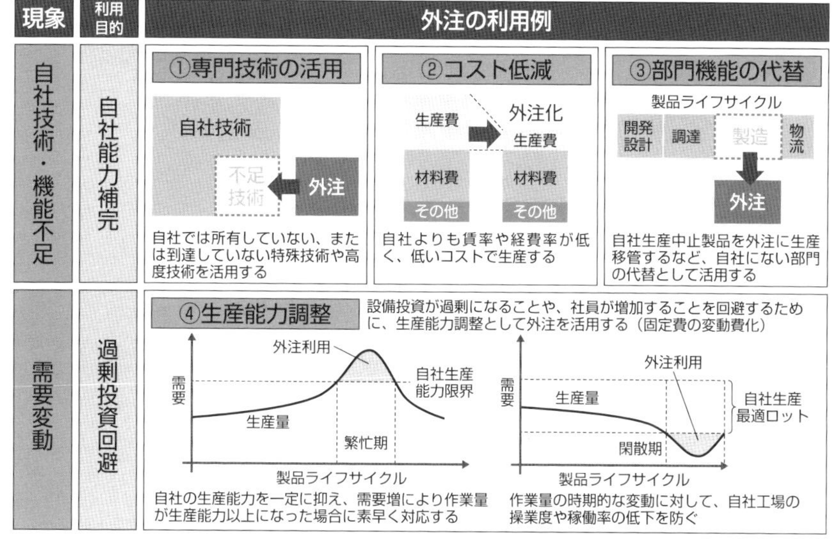

◆図表8-1　外注の利用目的

›› 外注先サプライヤーの評価項目

外注先サプライヤーの評価項目では、作業方法改善、原価低減指導、新技術の導入指導などの技術面や、設備投資への指導、工場レイアウトの指導などの設備面、品質管理指導、工程管理指導などの管理面、組織・人事管理指導、人材育成指導、経営方針作成などの経営面などがあります。

›› 外注先サプライヤーの指導方式

外注先サプライヤーの指導方式には、外注企業を指導員が定期訪問する**巡回指導方式**や、発注側工場に集めて講義や実習を行う**集合教育方式**、一定期間外注工場に指導員が駐在する**出向指導方式**があります。

8-2 アウトソーシングとは? ～社内業務を外部の専門会社に委託～

アウトソーシングの定義

企業経営や業務の効率化などのために、社内機能の**アウトソーシング**が進んでいます。アウトソーシングとは、企業の経営資源を中核業務に集中させ、業務効率を高めるために、部門機能の一部またはすべてを外部の企業に委託する方法とJIS Z 8141-2109（2001年）で定義されています。つまり、アウトソーシングとは、**企業価値を向上させるために外部から経営資源を調達すること**で、社内業務を外部の専門会社に委託することです。

アウトソーシングには３つの種類がある

アウトソーシングには、図表8-2のように３つの種類があります。

種　類	内　容
BPO（Business Process Outsourcing）	業務プロセスを丸ごと委託する
ITO（Information Technology Outsourcing）	情報技術や情報システムに関する業務を委託する
KPO（Knowledge Process Outsourcing）	データ収集や分析、技術開発など、知的な業務を委託する

◆図8-2　アウトソーシングの種類

アウトソーシングのメリット・デメリット

アウトソーシングのメリットを図表8-3に、デメリットを図表8-4に示します。メリットだけでなくデメリットもあることを考慮して、アウトソーシング化を考える必要があります。

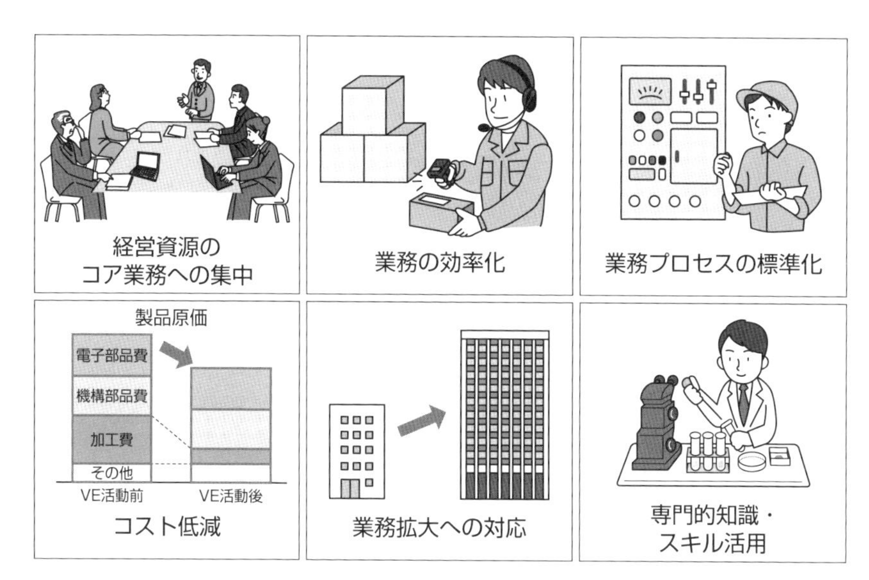

◆図表8-3　アウトソーシングのメリットの例

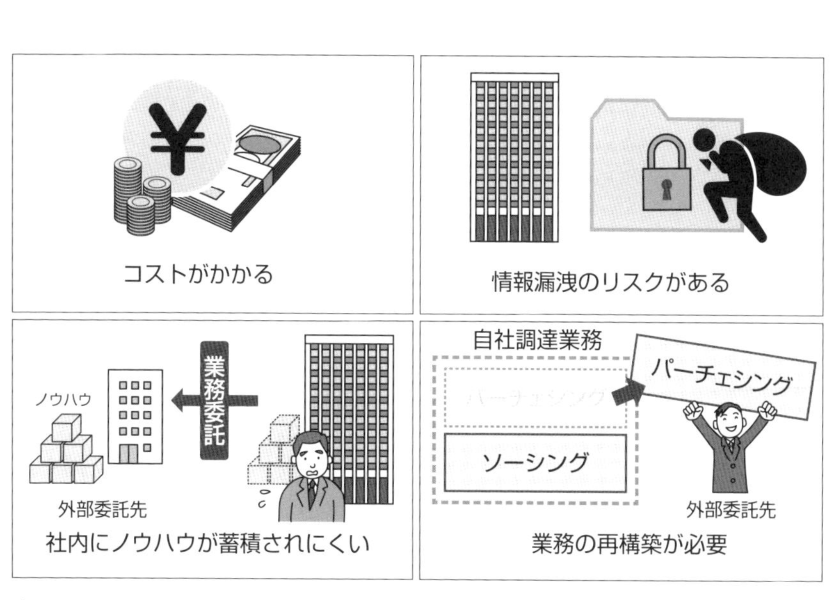

◆図表8-4　アウトソーシングのデメリットの例

8-3 外注とアウトソーシングの違い ～コスト低減できるかできないか～

外注とアウトソーシングは呼び方の違いに注意する

外注とアウトソーシングは、業務を外部に委託する点では同じですが、戦略性、目的、コスト低減の取り組み、適した業務などについては図表8-5の通り異なります。呼び方に注意してください。

名称	共通	戦略性	目的	コスト低減	適した業務
外注	業務を外部に委託する	特に戦略性はなく、委託側が外注先に頼んだ業務をマニュアル通りに実行する	社内で業務を行うより安く成果物を完成させ、納品する	コスト低減がかなわないならば外注する意味がない	定型的業務(部品組立て・加工、コールセンター、受付、データ入力など)
アウトソーシング	業務を外部に委託する	業務の企画・設計、運営までを含んだ業務委託であり、委託を受ける側は高い専門性が求められる	単なるコスト低減ではなく、外部リソースを活用して企業価値を向上させる	企業価値向上が目的であるため、コスト低減にはつながらない場合もある	専門的知識が必要な業務(営業、広報、人事、経理調達、設計・製造など)

◆図表8-5　外注とアウトソーシングの相違点

委託先サプライヤー選定・評価 ～コスト力はあるか?～

委託先サプライヤー選定・評価の流れ

委託先サプライヤー選定・評価については第3章と同様なため、そちらを参照してください。

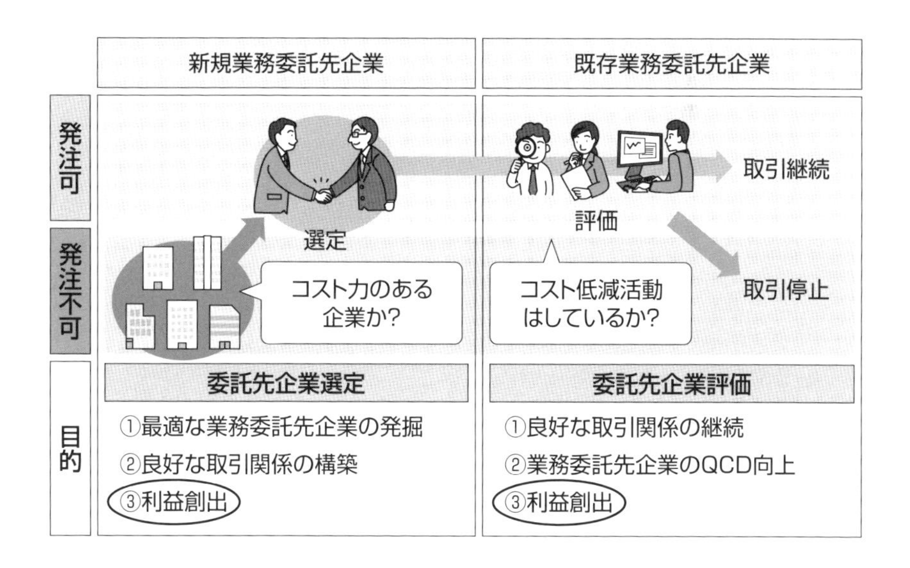

◆図表8-6 サプライヤー選定・評価の流れの例（再掲）

8-5 外注戦略 ～業務の選択と集中～

外注戦略の立案

調達先進企業では、経営資源をコア業務に集中させるために、自社の製造技術の強みと弱みを分析し、何を外部にお願いするか、内外作の**外注戦略**を立案しています。図表8-7の左側は内外作および外注再編のイメージ図を、右側は外注先の集約化のイメージ図を示しています。

左側は自社の製造技術の強みである大物品は自社で取り組み、小物品は外注先へ移管するという外注化政策です。一方、右側は賃率の安価な外注先へ作業を移管するとともに、外注先を集約化し、物量効果でさらなるコスト低減を図るという外注化政策です。

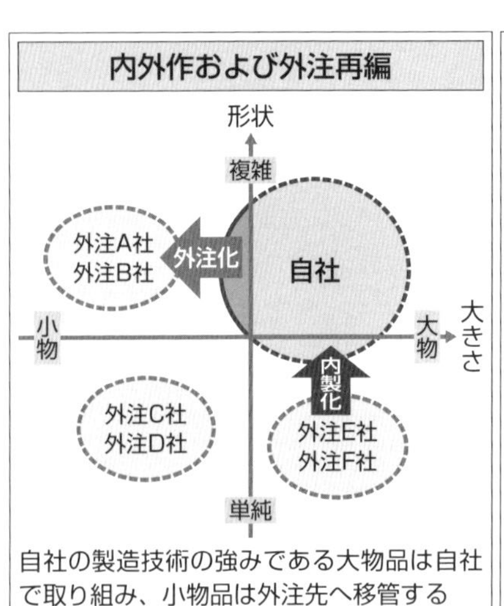

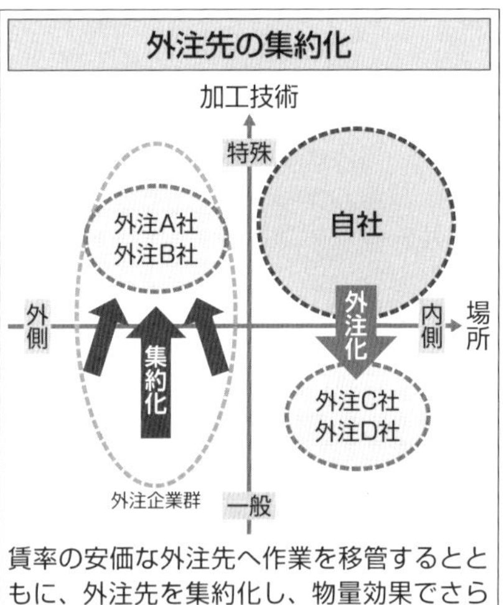

◆図表8-7　外注化政策の例

第9章

調達交渉

本章では、購入品の調達交渉について解説します。調達交渉の重要なポイントは、「Win-Winな関係の構築」と「情報を持つこと」です。利害関係が社内外で拡大し多様化してきている中、利害問題を解決に導くための交渉テクニックがわかります。購入品の価格や納期などの調達交渉をする際に活用してください。

9-1 Win-Win交渉の考え方 ～Win-Win領域の拡大～

›› Win-Winの関係となる場合

図表9-1は、Win-Win交渉の考え方を示したものです。横軸にサプライヤー側の利益を取り、縦軸に調達側の利益を取ると、互いの主張を0～100%受け入れたエリアを①Win-Win領域、調達側には利益があるがサプライヤー側には利益がないエリアを②Win-Lose領域、調達側には利益はないがサプライヤー側には利益があるエリアを③Lose-Win領域、双方に利益がないエリアを④Lose-Lose領域と呼びます。Win-Win交渉とは、図表9-1の①Win-Win領域の結果となるように交渉に取り組むことです。

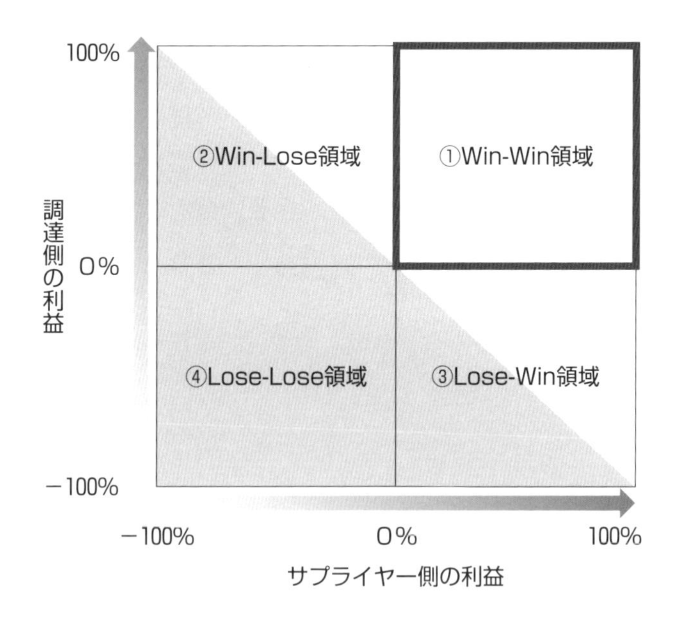

◆図表9-1 Win-Win交渉の考え方①

交渉結果がWin-Win領域に入らない場合は、新たにWin-Win領域を創造する施策を考え、Win-Win領域を拡大する必要があります。

たとえば、価格交渉で交渉対象外の品目も交渉対象に加えたり、購入対象以外の物量も交渉対象に加えたりすることで、サプライヤーの売上拡大につながり、図表9-2の通り、Win-Win領域を拡大できます。**お互いに協力し合って、納得できる案を新たに作り出すこと**が重要になります。

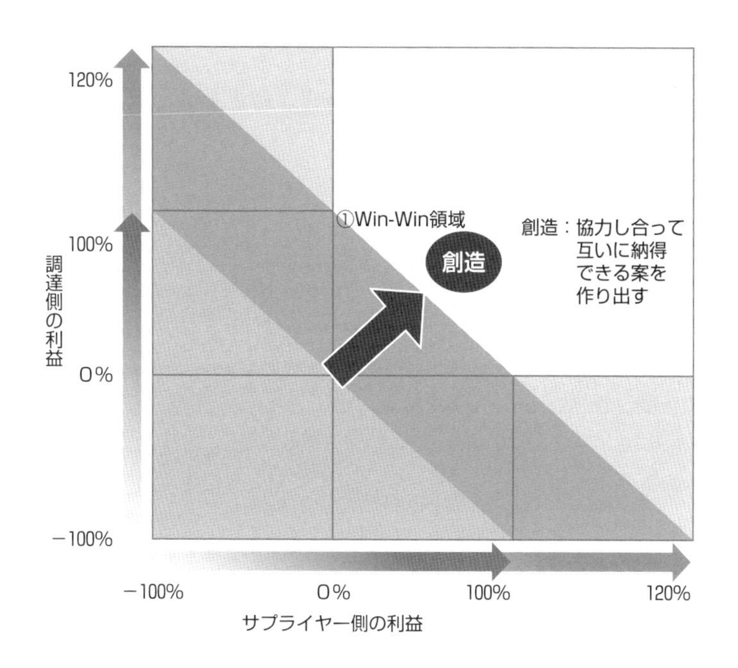

◆図表9-2　Win-Win交渉の考え方②

9-2 Win-Win交渉の7ステップ ～利害についてアイデアを考える～

第１ステップ：必要な情報を収集し事実を分析する

Win-Win交渉は、７つのステップで実施します。

最初のステップでは、**交渉に必要な情報を収集し事実を分析します**。できる限り加工された２次情報ではなく、正確な１次情報を収集することを心掛けてください。このとき必要となる情報として、設計上の情報や調達上の情報、コスト上の情報などがあります。それぞれの具体例は図表9-3の通りです。

	社内情報の例	社外情報の例
設計上の情報	設計仕様、使用材料、技術課題、製造のために必要な工法、設備・部品コストに影響を与える購入仕様など	VOC（顧客の声）、顧客要求仕様、顧客の使用上の不具合など
調達上の情報	調達額（購入数、単価）、調達先（国内外、シェア）、購入物の特徴（重量、荷姿、ロットサイズ）、グループ内の調達状況（事業所別、機種別）、海外調達計画、サプライヤー再編計画、コスト低減計画、部品標準化方針、調達課題など	業界マップ、技術トレンド・ロードマップ（技術戦略）、営業販売戦略、需給状況と予測、企業・商流・業界ルール（安全、環境、規制、規格）、製造工程（工法、設備、部品）、購入単価に影響を与える仕様など
コスト上の情報	購入価格（直材コスト、生産コスト、物流コスト）、ロット別購入価格、為替、契約条件など	市場価格、単価の内訳など

◆図表9-3　設計上の情報や調達上の情報、コスト上の情報の例

≫ 第2ステップ：解決すべき問題を明確にする

第2ステップでは、**解決すべき問題を明確にします**。具体的には、双方の主張の妥当性を確認します。複雑になった問題は分解して、問題が解決しやすいようにシンプルになるよう心掛けてください。

≫ 第3ステップ：利害（利益と損害）を理解する

第3ステップでは、**利害（利益と損害）を理解します**。利害とは交渉の結果、実現したいことです。当人が決めた表向きの「立場」（表向きの欲求）ではなく、その結論を導いた原因（利害）を正しく理解することが交渉では必要です。

たとえば、図書館で「彼は窓を開けたい」「彼女は窓を閉めたい」という問題が発生した場合、この「立場」に焦点を当ててしまうと、「どれだけ窓を閉めるか」という交渉になってしまいます。ここで、立場の結論を導いた原因をそれぞれに確認します。彼には「なぜ開けたいか？」と聞いてみると、「新鮮な空気が欲しいから」と回答しました。一方、彼女にも「なぜ閉めたいか？」と聞いてみると「風に当たりたくないから」と回答しました。すなわち、どれだけ窓を閉めたいかではなく、風が当たるか当たらないかが重要です。

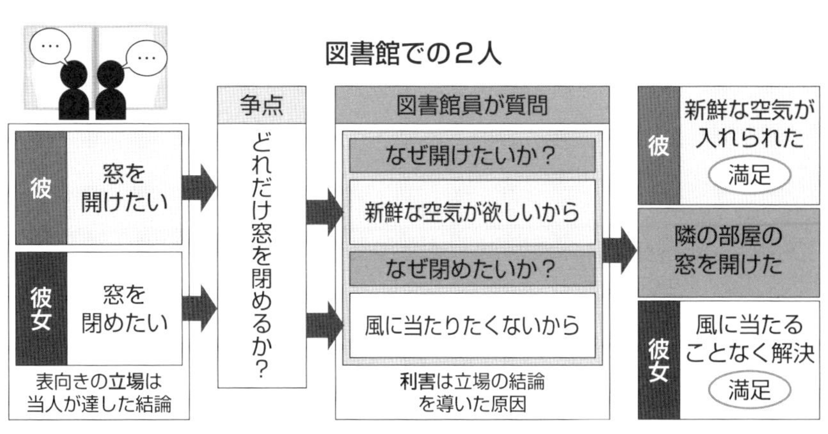

◆図表9-4　利害（利益と損害）を理解する

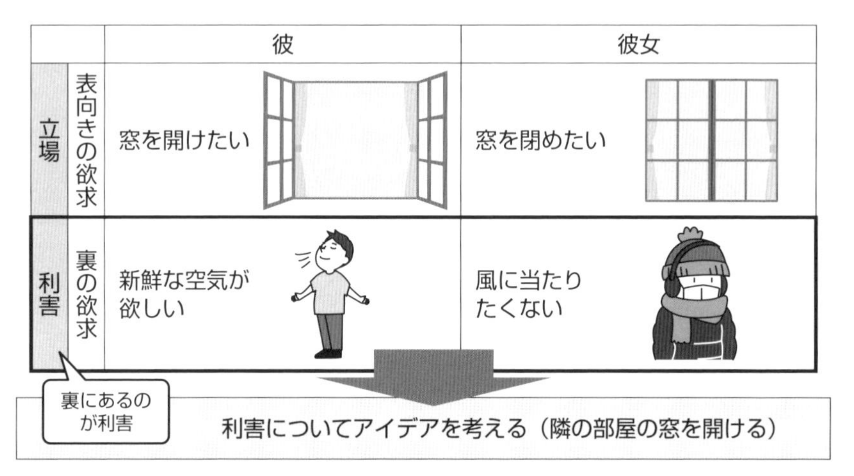

◆図表9-5　相手も利益になる選択肢を考える

≫第4ステップ：利害に焦点を合わせる

第4ステップでは、**双方の利害を明確にして、その利害に焦点を合わせます**。先ほどの図書館の例で考えると、「新鮮な空気がどうすれば得られるか」「どうすれば風に当たらないか」を考えることがこれに当たります。

≫第5ステップ：相手も利益になる選択肢を考える

第5ステップでは、**相手も利益になる選択肢を考えます**。先ほどの図書館の例で考えると、「新鮮な空気がどうすれば得られるか」と「どうすれば風に当たらないか」を同時に満たす解決策を考えます。たとえば、隣の部屋の窓を開ければ良いことがわかります。

≫第6ステップ：複数の選択肢から案を相手に選ばせる

第6ステップでは、**複数の選択肢から案を相手に選ばせます**。具体的には、交渉幅と代替案と、甲・乙・丙の複数の選択肢を準備し、相手（サプライヤー）に選んでもらいます。

交渉幅と代替案について、図表9-6の「部品購入品の購入仕様で異物の大きさ」を交渉する例で具体的に説明します。サプライヤー側から10μmの大きさの仕様までは技術的に可能だが非常に高額になるので、200μmの仕様にすることで安価になると提案がありました。そこで、設計者は10μmの仕様を要望していましたが、性能を評価し100μmまでは社内で妥協できることと、技術的にサプライヤーが対応できない場合は別の対応できる代替サプライヤーX社へ切り替えることの2つを社内の関連部署で合議を取ってサプライヤーと交渉しました。このときの10〜100μmの交渉可能な幅のことを**ZOPA**（Zone Of Possible Agreement：ゾーパ）、代替案のことを**BATNA**（Best Alternative To a Negotiated Agreement：バトナ）と呼びます。

このように交渉幅と代替案を社内で合議して準備しておくことが交渉の成功につながります。また、図表9-7に示すように、サプライヤーに甲乙丙案の中から選んでもらうことは、こちらの私案を相手の案と感じさせ、主体性を持って提案を遂行してもらえるようになるので重要です。

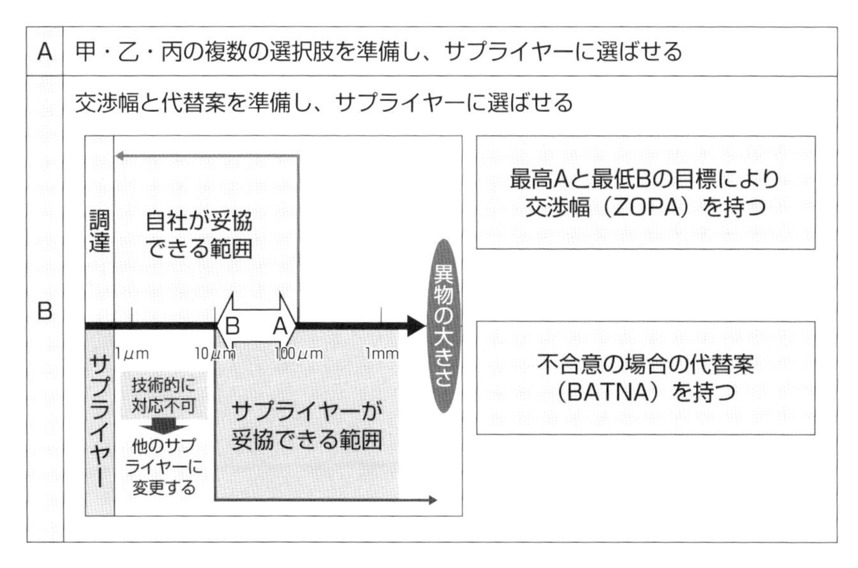

◆図表9-6　交渉幅と代替案の説明

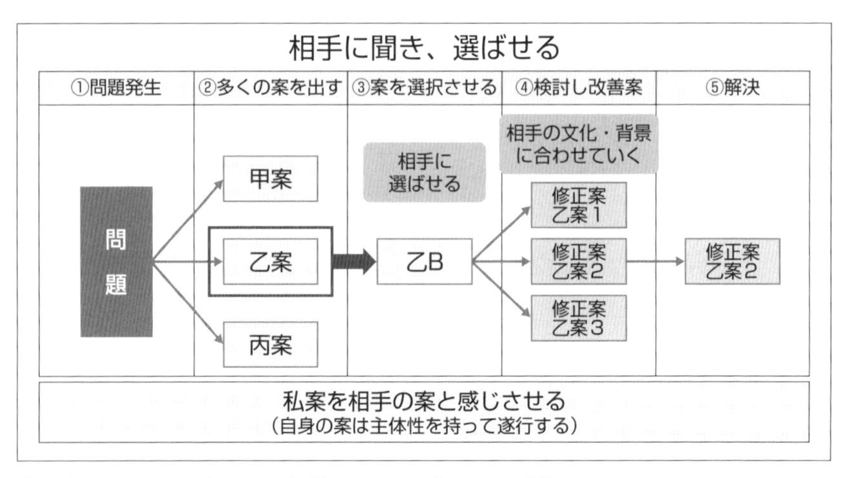

◆図表9-7　問題発生から解決までのアプローチの例

第7ステップ：客観的な基準で合意する

Win-Win交渉の最後は、**双方が受け入れられる客観的基準を持って合意することが必要です**。自社のルール基準では相手（サプライヤー）は受け入れられない場合があるので注意してください。

1	必要な情報を収集し事実を分析する
2	解決すべき問題を明確にする
3	利害（利益と損害）を理解する
4	利害に焦点を合わせる
5	相手も利益になる選択肢を考える
6	複数の選択肢から案を相手に選ばせる
7	客観的な基準で合意する

◆図表9-8　Win-Win交渉の進め方

9-3 Win-Win交渉における7つのテクニック～交渉を成功に導くための秘訣～

Win-Win交渉を円滑に進めるために

Win-Win交渉では、次の7つのことに注意すると交渉がスムーズに進みます。

・相手を責めるような言い方はしない

“You should～”（あなたはこうすべきだ）ではなく、“I would～”（私ならこうするだろう）という言い方を心掛けてください。「あなたのやり方は間違っています」とは言わず、「私ならこういう方法を考えると思います」などと、**相手を責めるような言い方は避けるようにしましょう**。

・2つ以上の選択肢を用意しておく

第2の選択肢（代替案）を持っていると、その選択肢を基準として条件の良し悪しを判断でき、交渉力を高められます。「もう少し安くなりませんか？」ではなく、「物量をまとめて一括発注し分納してもらうので、今の都度発注より安価になりませんか？」などと交渉するわけです。

・交渉前の「雑談」で相手に親近感を抱かせる

自分と共通点のある相手には、誰しも親近感を抱きます。**お互いの共通点を話題にして、相手との距離を縮めてから交渉に入りましょう。**「すぐ上長が参りますので、少々お待ちください」ではなく、「すぐ上長が参りますので、少々お待ちください。ところで、○○さんは大阪ご出身だそうですね。……」といった具合です。

・交渉の最中に相手の長所を褒める

交渉をスムーズに進めるためには、お互いに主張を戦わせながらも**相手を尊重すること**が大事です。「なるほど、わかりました」ではなく、「よくわかりました。○○さんのお話は具体的で簡潔にまとまっているので、とてもわかりやすいですね」などと相手を褒めることを意識してください。

・交渉前に「落とし所」を決めておく

価格、数量、納期など、交渉の争点に関する自分の最初の申し入れを「オープニング」、そこから譲歩するけれど満足できる着地点を「落とし所」、そして最低限の受け入れても良いという条件を「ボトムライン」と呼びます。**これらを交渉の前に社内合議しておく**必要があります。

・「自分が望む答え」を含んだ質問で相手の決断を促す

相手に決断を促したいときの最後の一押しとして、**「自分が望む答え」を含んだ質問で相手の決断を促します**。「仕様の規格外品が2個ありました。至急、良品に交換してください」ではなく、「仕様の規格外品が2個ありました。良品は今月中に弊社に届きますか？」などと質問するわけです。

・物事には2つ以上の見方があると心得る

相手の意見にきちんと耳を傾けましょう。相手の意見にも一理あると思えば、自分の意見を修正することも必要です。

9-4 交渉のルール〜下請法〜

下請法の対象

サプライヤーとの交渉の際には、**下請法**（下請代金支払遅延等防止法）に注意する必要があります。下請法の目的は、下請取引の公正化・下請事業者の利益保護で、次の４つの取引が対象となります。

①製造委託

物品を販売し、または製造を請け負っている事業者が、規格、品質、形状、デザイン、ブランドなどを指定して、他の事業者に物品の製造や加工などを委託することです。ここでいう「物品」とは動産のことを意味しており、家屋などの建築物は対象に含まれません。

②修理委託

物品の修理を請け負っている事業者がその修理を他の事業者に委託したり、自社で使用する物品を自社で修理していたりする場合に、その修理の一部を他の事業者に委託することです。

③情報成果物作成委託

ソフトウエア、映像コンテンツ、各種デザインなど、情報成果物の提供や作成を行う事業者が他の事業者にその作成作業を委託することです。

④役務提供委託

運送やビルメンテナンスをはじめ、各種サービスの提供を行う事業者が、請け負った役務の提供を他の事業者に委託することです。ただし、建設業を営む事業者が請け負う建設工事は、役務には含まれません。

親事業者・下請事業者の定義

下請法では図表9-9で定義される親事業者と下請事業者の取引が対象になります。

取引の内容	親事業者	下請事業者
物品の製造・修理委託および政令で定める情報成果物・役務提供委託（※）を行う場合	資本金３億円超	資本金３億円以下（個人を含む）
	資本金1,000万円超３億円以下	資本金1,000万円以下（個人を含む）
情報成果物作成・役務提供委託を行う場合（上記の情報成果物・役務提供委託を除く）	資本金5,000万円超	資本金5,000万円以下（個人を含む）
	資本金1,000万円超5,000万円以下	資本金1,000万円以下（個人を含む）

※情報成果物作成委託に含まれるプログラム作成と役務提供委託に含まれる運送・物品の倉庫保管・情報処理は、製造委託・修理委託と同じ条件が適用される

◆図表9-9　親事業者・下請事業者の定義

親事業者の義務

親事業者には、下請取引の公正化および下請事業者の利益保護のため、図表9-10に示した４つの義務が課されています。なお、図表9-10にある３条書面とは、親事業者が発注に際して直ちに下請事業者に交付する義務のある書面で、次の事項をすべて記載したもののことです。

・親事業者および下請事業者の名称（番号、記号などによる記載も可）
・製造委託、修理委託、情報成果物作成委託または役務提供委託をした日
・下請事業者の給付の内容（委託の内容がわかるように明確に記載する）
・下請事業者の給付を受領する期日（役務提供委託の場合は、役務が提供される期日または期間）
・下請事業者の給付を受領する場所

・下請事業者の給付の内容について検査する場合は、検査を完了する期日
・下請代金の額（具体的な金額を記載する必要があるが、算定方法による記載も可）
・下請代金の支払期日
・手形を交付する場合は、手形の金額（支払比率でも可）および手形の満期
・一括決済方式で支払う場合は、金融機関名、貸付けまたは支払可能額、親事業者が下請代金債権相当額または下請代金債務相当額を金融機関へ支払う期日
・電子記録債権で支払う場合は、電子記録債権の額および電子記録債権の満期日
・原材料等を有償支給する場合は、品名、数量、対価、引渡しの期日、決済期日、決済方法

義務	内容
書面の交付義務	発注の際は、直ちに3条書面を交付すること
支払期日を定める義務	下請代金の支払期日を給付の受領後60日以内に定めること
書類の作成・保存義務	下請取引の内容を記載した書類を作成し、2年間保存すること
遅延利息の支払義務	支払いが遅延した場合は遅延利息を支払うこと

◆図表9-10　下請法で親事業者に課された4つの義務

親事業者の禁止行為

下請法4条では、親事業者に図表9-11に挙げる11の禁止事項が課せられています。たとえ下請事業者の了解を得ていても、また親事業者に違法性の意識がなくても、これらの規定に触れるときには、下請法に違反することになるので注意が必要です。

禁止事項	内　容
受領拒否（第１項第１号）	注文した物品等の受領を拒むこと
下請代金の支払遅延（第１項第２号）	下請代金を給付の受領後60日以内に定められた支払期日までに支払わないこと
下請代金の減額（第１項第３号）	あらかじめ定めた下請代金を減額すること
返品（第１項第４号）	受け取ったものを返品すること
買いたたき（第１項第５号）	類似品等の価格または市価に比べて著しく低い下請代金を不当に定めること
購入・利用強制（第１項第６号）	親事業者が指定するもの・役務を強制的に購入・利用させること
報復措置（第１項第７号）	下請事業者が親事業者の不公正な行為を公正取引委員会または中小企業庁に知らせたことを理由としてその下請事業者に対して、取引数量の削減・取引停止等の不利益な取扱いをすること
有償支給原材料等の対価の早期決済（第２項第１号）	有償で支給した原材料等の対価を、当該原材料等を用いた給付に係る下請代金の支払期日より早い時期に相殺したり支払わせたりすること
割引困難な手形の交付（第２項第２号）	一般の金融機関で割引を受けることが困難であると認められる手形を交付すること
不当な経済上の利益の提供要請（第２項第３号）	下請事業者から金銭、労務の提供等をさせること
不当な給付内容の変更および不当なやり直し（第２項第４号）	費用を負担せずに注文内容を変更し、または受領後にやり直しをさせること

◆**図表９-11　親事業者に課された禁止事項**

9-5 先進企業事例：価格・納期交渉 ～基本ステップの実践と交渉の格言～

価格交渉は自社で、納期交渉はサプライヤー工場で

調達先進企業では、9-2の交渉の基本ステップで交渉している交渉の達人をよく見かけます。図表9-12に価格交渉、図表9-13に納期交渉の例を示します。

価格の交渉では、第１ステップ「必要な情報を収集し事実を分析する」では、購入品のコストや技術、仕様の情報収集と分析を実施します。次に第２ステップ「解決すべき問題を明確にする」では、今回は購入品の価格の硬直化を例に以降のステップを説明します。第３ステップ「利害（利益と損害）を理解する」では、表向きの利害は、サプライヤー側は「価格を維持したい」、調達側は「価格を低減したい」です。第４ステップ「利害に焦点を合わせる」では、真の利害ではサプライヤー側は「売

		具体例
1	必要な情報を収集し事実を分析する	購入品のコストや技術、仕様の情報収集と分析
2	解決すべき問題を明確にする	購入品の価格の硬直化
3	利害（利益と損害）を理解する	サプライヤー側：価格維持、調達側：価格低減
4	利害に焦点を合わせる	サプライヤー側：売上拡大、調達側：集中集約購買
5	相手も利益になる選択肢を考える	サプライヤー側：集中集約購買の推奨サプライヤーとして選定
6	複数の選択肢から案を相手に選ばせる	サプライヤー側：得意とする仕様に特化した取引
7	客観的な基準で合意をする	両者：集中集約購買サプライヤーでの最安値

◆図表９-12　価格交渉の例

		具体例
1	必要な情報を収集し事実を分析する	納期日程、生産ボトルネックの情報収集と分析
2	解決すべき問題を明確にする	購入品の納期確保
3	利害（利益と損害）を理解する	サプライヤー側：長納期、調達側：短納期
4	利害に焦点を合わせる	サプライヤー側：売上拡大、調達側：安定生産
5	相手も利益になる選択肢を考える	調達側：1年先までの生産計画（フォーキャスト）の提示 サプライヤー側：フォーキャスト⇒生産の平準化
6	複数の選択肢から案を相手に選ばせる	調達側：甲乙丙案の提示（引取責任案追加）
7	客観的な基準で合意をする	調達側：フォーキャストと引取責任（1カ月） サプライヤー側：標準納期の短縮（1カ月）

◆図表9-13　納期交渉の例

上を拡大したい」、調達側は「調達の手間を低減し交渉を有利にするため集中集約購買がしたい」です。第5ステップ「相手も利益になる選択肢を考える」では、相手に集中集約購買の推奨サプライヤーとして選定したいので、「コスト力があることを示して欲しい」と提案します。第6ステップ「複数の選択肢から案を相手に選ばせる」では、得意な仕様だけ対応する案など、複数案を提案します。最後の第7ステップでは、集中集約購買サプライヤーとしてサプライヤーが得意な仕様だけ対応することで、最安値を引き出し両者の合意が取れ、購入品のコスト低減ができるようになります。

納期の交渉では、第1ステップ「必要な情報を収集し事実を分析する」では、納期日程、生産ボトルネック（生産の停滞を招いている箇所・工程）の情報収集と分析を実施します。次に第2ステップ「解決すべき問題を明確にする」では、今回は購入品の納期確保を例に以降のステップを説明します。第3ステップ「利害（利益と損害）を理解する」では、表向きの利害は、サプライヤー側は「長納期にしたい」、調達側は「短納期にしたい」です。第4ステップ「利害に焦点を合わせる」では、真の利害ではサプライヤー側は「売上を拡大したい」、調達側は「生産に必要なときに必要なだけ部品が入手でき、安定した生産をしたい」です。第5ステップ「相手も利益になる選択肢を考える」では、調達側は1年先までの生産計画（フォーキャスト）を提示することでサプライヤー側が生産を平準化して作れ、作り置きしてもらえるための情報を発信することで「納期を短縮して欲しい」と提案します。第6ステップ「複数の選択肢から案を相手に選ばせる」では、引取責任を追加する案など、複数案を提案します。最後の第7ステップでは、1年先までの数量計画（フォーキャスト）の提示と直近1カ月分の数量分は引取責任を持つということ、その代わりに、購入品の標準納期を1カ月短縮することで両者の合意が取れます。

「価格交渉は自社で、納期交渉はサプライヤー工場で実施しなさい」。これは古くから総合電機企業で伝わる交渉の格言です。図表9-14に示す通り、価格交渉は交渉参加人数、購入仕様情報、購入数量情報、適用製品情報などが必要で、それらの情報は自社にあることがわかります。一方、納期交渉は工場の生産状況、生産の優先順位、緊急度・熱意が必要で、サプライヤー工場を訪問したほうが有利であることがわかります。また訪問すると、返報性の法則（相手から何かを受け取ったときに「こ

価格交渉の場合

交渉場所	自社	サプライヤー工場
交渉参加人数	○	×
購入仕様情報	○	×
購入数量情報	○	×
適用製品情報	○	×

納期交渉の場合

交渉場所	自社	サプライヤー工場
工場の生産状況	×	○
生産の優先順位	×	○
緊急度・熱意	×	○
サービス	×	○

情報量の多い場所で交渉すると優位な交渉ができる

◆図表9-14　価格交渉は自社で納期交渉はサプライヤー工場で

ちらも同じようにお返しをしないと申し訳ない」という気持ちになる心理効果）が働きサービスも良くなる傾向があります。

情報量の多い場所で交渉すると優位な交渉ができることから、「価格交渉は自社で納期交渉はサプライヤー工場で」という格言が生まれたのではないでしょうか。

電話・リモートでの交渉 ～結論の事前送付～

≫電話・リモート会議での交渉時の注意点

コロナ禍の中、電話・リモート会議での交渉が増加しました。電話・リモート会議は、移動時間が節約できるなどのメリットがある反面、集中力が維持できない、意図が伝わりにくい、アイデアが出てこないなど十分な議論が困難なこと、議論が記録される場合があること、現場に行けないといったデメリットがあります。

そこで、要望事項（結論）をわかりやすい資料にして事前に送付しておくこと、記録されて困る発言はしないこと、必要な現場データを事前に依頼することなどを電話・リモート会議での交渉時には気を付ける必要があります。

要望事項をわかりやすい資料にして事前に送付する

記録されて困る発言はしない

必要な現場データを事前依頼する

◆図表9-15　電話・リモートでの交渉時の対応

第10章

調達法務

本章では、購入品の調達業務で必要な法務知識について解説します。サプライヤーなど社外企業と日々関わり、金銭を取り扱う調達担当者が知っておくべき法令や犯罪防止策、契約書の記載方法がわかります。契約書の作成や契約締結など契約業務をする際に活用してください。

10-1 法令遵守と社会的責任 〜コンプライアンスとCSR〜

≫ 企業人が遵守すべき３つのルール

企業人が遵守すべきルールは３つあります。

１つ目は**就業規則**や**社内規程**です。社内の就業規則、各種規程、業務マニュアルなどを社員として守る必要があります。

２つ目は**法令**です。国会が制定する法律と行政機関が制定する命令の総称を法令と呼びます。法令には拘束力があり、違反すると処罰されます。そのため、法令遵守（コンプライアンス）が必要です。

３つ目は**企業倫理**や**社会的規範**です。法令には定められていないものの、社会的に求められる倫理規範や道徳規範のことで、倫理観や道徳観は時代とともに変わっていきます。企業は社会的責任（CSR、Corporate Social Responsibility）があるため処罰はありませんが、守らなければ企業評価は悪くなります。

①就業規則や社内規程など	②法令	③企業倫理や社会的規範
社内の各規則、規程のほか、業務手順、マニュアルのような社員として守らなければならないもの	国会が制定する法律と行政機関が制定する命令の総称。拘束力のあるもの	法令には定められていないものの、社会的に求められる倫理規範や道徳規範のこと。倫理観や道徳観は、時代とともに変わっていく
		もし、守らなければ……
社内罰則がある	処罰がある	企業評価が悪くなる
	➡ コンプライアンス（法令遵守）	➡ CSR（社会的責任）（※Corporate Social Responsibility）

◆図表10-1　企業人が遵守すべき３つのルール

10-2 調達担当者が知っておくべき代表的な7つの法令～知らないでは済まされない～

≫ 押さえておくべき法令

ここでは、調達担当者が押さえておく必要がある代表的な７つの法令について見ていきます。

・民法（契約法）

総則、物権、債権、親族、相続の５つの編から成り、このうち第３編第２章「契約」では、契約の成立、契約の効力、契約の解除、請負等に関する規定があり、これに基づいて契約書が記載されます。

・下請法

正式名を下請代金支払遅延等防止法といい、親事業者の「支払期日60日以内を定める義務」など４つの義務と、「下請代金の減額」など11項目の禁止事項が課せられています（詳しくは9-4参照）。

・独占禁止法

正式名を私的独占の禁止及び公正取引の確保に関する法律といい、優越的地位の濫用の禁止を定めています。

・労働者派遣法

派遣労働者の就業条件の整備や労働現場での権利を確保するために定められた法律です。2015年９月に事業所・個人単位で期間制限ができました。派遣と請負（業務委託）の違いは、指揮命令権が発生するか、しないかで決まります。派遣には指揮命令権が発生しますが、請負（業務委託）には発生しません。

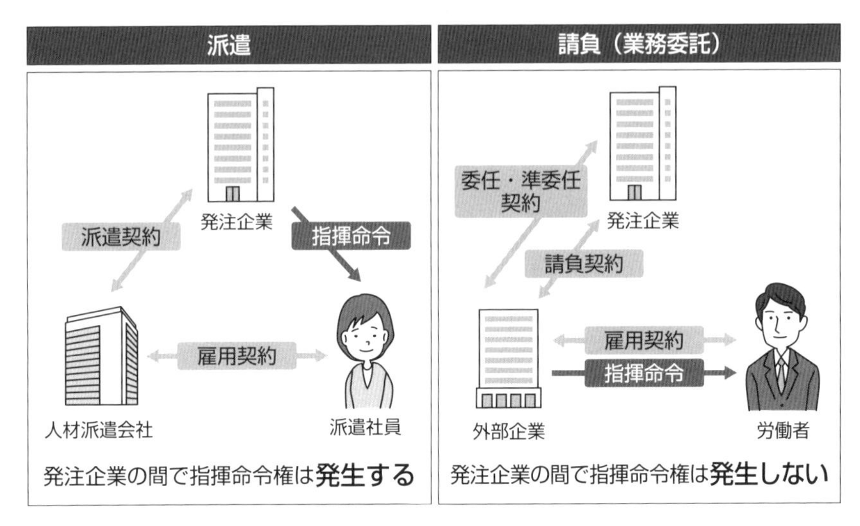

◆図表10-2　派遣と請負（業務委託）の違い

・印紙税法

一定の文書に印紙税を課すことを定めた法律です。印紙税の課税文書は、種類や取引金額などに応じて印紙税額が決定されます。印紙税の納付（課税文書への収入印紙の貼付）を怠ると、税務調査の際に追徴課税を受ける恐れがあるので注意が必要です。

・電子契約法

正式名を電子消費者契約及び電子承諾通知に関する民法の特例に関する法律といい、事業者が消費者に対して購入内容を確認する措置を講じない場合、消費者の操作ミスによる申込みは無効になると定めています。

・電子帳簿保存法

所得税法や法人税法で原則、紙での保存が義務付けられている取引情報を電子データとして保存することを認めるほか、電子的に授受した取引情報の保存義務などを定めた法律です。電子メール、EDI（Electronic Data Interchange）、クラウドサービスなど、取引先からの電子データで受領した請求書・領収書などが対象になります。

法　令	活用シーン
民法（契約法）	契約書作成
下請法	価格交渉、代金支払い
独占禁止法	価格交渉、サプライヤー選定
労働者派遣法	契約、契約履行
印紙税法	契約書作成
電子契約法	電子取引
電子帳簿保存法	見積書、請求書、発注書の電子データの受理

◆図表10-3　購買担当者が知っておくべき主な法律の活用シーン

10-3 契約関係～見積書、基本契約書、秘密保持契約書～

調達に関する４つの契約書

調達に関する主な契約書は次の４種類です。また、調達担当者が法令を知っておく必要性はコンプライアンス・CSRを遵守する調達活動の実施、行政機関の監視の強化、社内関係者のサプライヤーに対する行為のチェックなどにあります。

・見積書

金額・量・期間・仕様を前もって概算する書類のことです。見積書フォームは自社であらかじめ作成したものを使用すると、その後の見積分析が容易になります。

・契約書、協定書

契約書は一般的、基本的な当事者の権利義務関係を記載したもの（売買契約書、秘密保持契約書など）です。協定書は契約書にするほどの重要な内容の取り交わしではないもの（価格協定書など）です。契約書の例を以下に示します。

〇〇株式会社（以下「甲」という）と株式会社△△（以下「乙」という）は、甲が乙に対して委託する業務に関し、以下の通り契約を締結する。

第１条（目的）

甲は別途覚書に定める業務を乙に委託し、乙はこれを受託するものとする。

第２条（適用期間）

1．前条に定める委託の開始日は、2023年〇月〇日とする。

2．委託期間は、委託開始日から満１年とする。ただし、期間満了日の２カ月前までに、甲乙いずれからも文書による異議の申出がない場合は、更に１年間同一条件で更新されるものとし、その後の更新も同様とする。

3．委託開始日から満１年経過後は、甲及び乙は、甲所定の文書により解約希望日の２カ月前までに相手方に通知することにより、いつでもサービスの全部又は一部を解約できるものとする。

第３条（委託料金）

1．甲は、委託の対価として乙に対し、別途覚書に定める料金を支払うものとする。

2．委託開始時間又は終了時間が日の途中である場合であっても、１日分発生するものとする。

3．甲は当日分の委託費用を翌月末日迄に乙へ支払うものとする。なお、消費税及び地方消費税は、乙の請求時に有効な消費税法及び地方税法上適用される税率によるものとし、請求ごとに算定する。

第４条（委託料金又は委託業務の変更）

甲又は乙は、委託料金又は委託業務の内容を変更する場合は、文書により相手方に通知するものとする。なお、委託業務の内容の変更につき通知があった場合は、併せて委託料金の変更についても甲乙双方で協議するものとし、かかる委託料金又は委託業務の変更に関する合意事項については覚書を作成する。

第５条（情報の使用制限）

1．甲乙それぞれは、機密情報と機密資料について、本契約上の業務遂行のために使用し、他の目的のために用いることはできない。

2．前項にかかわらず、甲乙が秘密保持契約書を締結した場合は、本契約に基づいて甲乙間で開示されるすべての情報について、かかる秘密保持契約の規定に従うものとする。

第６条（新たに創出した情報）

乙が、契約上の業務の遂行において、新たに本契約第５条に定める機密情報に該当する技術情報を創出した場合には、その技術情報の帰属について、甲乙協議の上で決定するものとする。

第7条（個人情報の保護）
乙は本契約に関して知り得た、甲または甲の取引先が保有する個人情報であって、当該情報に含まれる氏名・生年月日その他の記述、また個人別に付けられた番号・記号その他の符号、画像もしくは音声によって当該個人情報識別が可能な情報（他の情報と容易に照合することができ、それにより当該個人を識別することができることとなる情報を含む）を、甲の事前の書面による承諾を得ることなく、第三者に利用させ若しくは開示、漏洩してはならない。

第8条（損害賠償）
委託業務に係る乙の責めに帰すべき事由による債務不履行に起因して甲が損害を被った場合、甲は、乙に対し、1カ月分の委託料金相当額を上限として、当該損害の賠償を請求することができるものとする。ただし、乙の責めに帰すべからざる事由から生じた損害、乙の予見の有無を問わず特別の事情から生じた損害及び逸失利益については、乙は、賠償責任を負わないものとする。

第9条（権利義務の譲渡等の禁止）
甲及び乙は、本契約に基づく権利の全部若しくは一部を第三者に譲渡し、許諾し、担保に供し若しくはその他の処分をし、又は債務の全部若しくは一部を第三者に履行させてはならないものとする。ただし、相手方の事前の同意がある場合にはこの限りではない。

第10条（協議解決）
本契約の履行又は解釈について疑義を生じた場合及び本契約に定めのない事項については、甲乙双方で協議し、円満に解決を図るものとする。
以上、本契約の締結を証するため、本書2通を作成し、甲、乙記名押印の上、各1通を保有する。

2023年〇月〇日

甲

乙

以上

◆図表10-4　業務委託契約書の例

株式会社○○（以下「甲」という）と株式会社△△（以下「乙」という）とは、甲の調達改革（以下「本業務」という）を実施するに当たり、互いに相手方に開示する情報等の秘密保持について次の通り契約する。

第１条　秘密保持の対象

1．本契約において秘密保持の対象とするのは、本業務に関連して相互に開示され、または知り得る情報で、次の各号の１つに該当するもの（以下「秘密情報」という）をいう。

⑴　開示者が書面、電磁的記録（電子メール、電子データ等の電子情報を含む、以下同じ）その他有形な媒体により、秘密である旨の表示をして開示したもの。

⑵　開示者が開示時に秘密情報である旨を相手方に告知した上で口頭、視覚等により開示したもので、開示後30日以内に当該秘密情報の開示日、場所、内容及び開示者等を簡潔に書面（電磁的記録を含む）に記述し秘密である旨を当該書面に付して開示者が相手方に通知したもの、または受領者が当該書面において確認したもの。

⑶　本業務の内容及び結果。

⑷　秘密の表示の有無にかかわらず、コスト、製造に関する設計資料、データ。

2．前項の秘密情報には、次の各号のものは含まれない。

⑴　開示を受けた時に既に一般に公知となっているもの及びその後受領者の責に帰すべからざる事由により公知となったもの。

⑵　開示を受ける以前に受領者が既に保有していたもの。

⑶　秘密保持義務を負うことなく第三者から適法に取得したもの。

⑷　相手方の秘密情報を用いることなく、受領者が独自に開発したもの。

第２条　秘密情報の取り扱い

1．甲及び乙は、秘密情報を善良なる管理者の注意をもって秘密に保持するものとし、相手方の書面による承諾なしに、本業務を遂行するために必要のある自己の役員または従業員以外の第三者に開示または漏洩しないものとする。また秘密情報の開示を受ける当該従業員等に対し秘密保持義務を課す等の措置をとるものとする。

2．甲及び乙は、秘密情報を本業務の目的以外に使用しないものとする。

3．秘密情報の受領者は秘密情報について取扱責任者を定め厳重に管理するものとする。

4．甲及び乙は、提供された秘密情報を複製する場合には、事前に相手方の書面による承諾を得ることとし、複製物の管理についても、本条に従い厳重に行う。

5．甲及び乙は、本業務の一部を第三者に委託する場合において秘密情報を当該第三者に開示する必要があるときは、事前に相手方の書面による承諾を得る。この場合、当該第三者に対し、本契約と実質的に同じ内容の秘密保持義務を課すとともに、相手方に対して責任を負う。

6．甲及び乙は相手方から開示された秘密情報について、相手方から要求がある場合にはその複製物を含め遅滞なく返却するものとする。

7．前項にかかわらず、受領者は、開示者から電子メール又は電子メールに添付する方法により開示された秘密情報については、秘密情報の授受を法的に証明する目的に限り受領者の情報保存基準に基づき電子メールの交信内容を保有することができる。受領者はいかなる場合も当該目的以外で電子メールの交信内容を使用してはならないものとする。

第3条　権利の帰属等

甲及び乙が秘密情報を相手方に開示することは、相手方に特許権等の権利について譲渡、許諾等することを意味するものではない。

第4条　損害賠償等

甲又は乙は、自己の責に帰すべき事由により万一秘密情報が漏洩した場合は、直ちに相手方に通知し、秘密情報を記載した書類の回収等を行い、秘密情報の漏洩を最小限にとどめるよう善後措置を尽くすとともに、当該漏洩により相手方に損害を与えた場合は、相手方に対し損害賠償の責に任ずる。

第5条　有効期間

1．本契約は、本契約締結日から3年が経過する日または甲乙が別途締結する業務委託契約書が終了する日のいずれか後に到来する日まで有効に存続するものとする。

2．前項にかかわらず、本条、第2条および以下の各条項に基づき生じる受領者の義務は、本契約終了後も存続する。

第6条　協議解決

本契約に定めのない事項及び疑義を生じた事項については、その都度甲乙協議の上、解決する。

第7条　裁判管轄

本契約に関連して生じる一切の紛争については、東京地方裁判所（本庁）を第一審の専属的合意管轄裁判所とするものとする。

以上本契約締結の証として、本契約書2通を作成し甲乙両者記名押印の上、それぞれ1通ずつを保有する。

甲

乙

押印日　2023年○月○日

以上

◆図表10-5　秘密保持契約書の例

・覚書、念書

覚書とは当事者双方の合意事項を文書にしたものや既にある契約書を補足・変更した文書のことです。念書は当事者の一方が他方当事者に差し入れるもので、署名は当事者のみになります。

・注文書

注文書は発注する側、つまり「申込み」を行う側が「申込み」を行ったことを証明する書類です。注文書がサプライヤーに渡されて契約が成立します。

10-4 調達三権分立～要求元、契約者、検収者の独立～

≫不正を防止する仕組み

「サプライヤーから不正な水増し請求〇〇億円を受け、従業員解雇」といった事件がさまざまな業界で毎年のように発生しています。この不正を防止するために、多くの企業が調達三権分立制度を導入しています。

調達三権分立とは、①要求元（仕様決定者）と②契約者（サプライヤー決定者）、③検収者（検収検査判定者）をそれぞれ独立させることで互いを牽制し、不正を防止することです。

注文依頼は要求元のみが有する基本行為とし、要求元は購入品について、仕様や数量、納期、納入場所などを定め、調達部門に発注依頼します。要求元がサプライヤーから直接正式な見積りを入手したり、発注を指示したりすることを禁じています。要求元は価格を決定してはならないというものです。調達監査の際、この制度が確立されているか、され

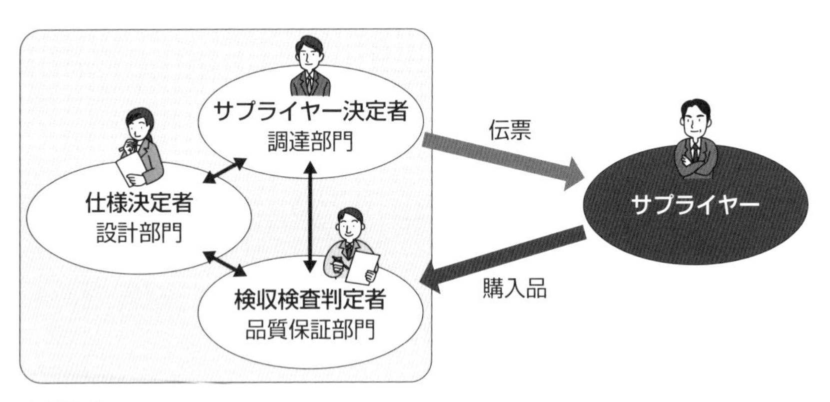

◆図表10-6　調達三権分立

ていないかで、その企業のコンプライアンス（法令遵守）意識のレベルがわかるといわれています。

調達現場では、業務委託料などの横領事件などがこれまでにさまざまな企業で発生しています。その際の防止策として、①社内の牽制体制の徹底・強化（調達三権分立）、②定期的な社内業務調査の徹底・強化（内部監査）が挙げられる場合が多いです。

10-5 調達文書～持続可能な調達活動の推進のために～

》調達基本方針と調達規程

持続可能な調達活動を組織的に推進するために、**調達基本方針**を内外に明確にし、調達部門の責任と権限を**調達規程**として社内で明確にする必要があります。

調達基本方針とは、企業の調達活動に関する考え方を文書化したものです。以下は一般的な調達基本方針の記載事項です。

【調達基本方針の記載事項】

①オープン：広く国内外のお取引先様から調達します。

②公平・公正：お取引先様に公平に競争の機会を提供し、公正に評価し、お取引先様の選定を実施します。

③相互信頼：お取引先様との信頼関係を確立するとともに相互の発展を図ることを目指します。

④コンプライアンス（法令遵守）：関連法規、社会規範を遵守します。

＜調達基本方針の例（東芝HPから抜粋）＞

①法令・社会規範等を遵守し、高い倫理観をもって調達活動に取り組みます。

②調達取引先に対して公正な取引の機会を提供します。

③調達取引先とともに企業の社会的責任を果たし、持続可能な調達活動に取り組みます。

④調達取引先と、相互理解と信頼関係に基づく調達活動を実施します。

それに対し調達規程は、調達基本方針に基づき調達全体の業務の基本的事項、調達部の責任と権限を定めたものです。規程とは規定が集まったもののこと、規定とはルールのことで業務範囲を決めるものです。業務規程で記載されていない業務は業務とみなされないことがあるので、調達部門に配属されたら必ず初めに熟読し、内容を理解する必要があります。以下に一般的な調達規程の記載内容の例を示します。

【調達事項の記載事項】

第１章　総則
第１条（目的）
第２条（用語の定義）
第３条（適用範囲）
第２章　調達方針
第４条（原則）
第５条（秘密保持）
第３章　調達手続き
第６条（調達三権分立）
第７条（調達依頼）
第８条（サプライヤー選定・評価）
第９条（価格決定）
第10条（契約）
第11条（発注）
第12条（納期の履行）
第13条（検収手続き）
第14条（損害賠償）
第15条（契約内容不適合）
第16条（代金支払い）

10-6 調達トラブル事例とその対策 ～調達三大トラブル～

調達トラブル時に備えて

調達現場で、よく起こる調達トラブル事例を以下に説明します。「どこが問題だったのか？」「どうすべきだったのか？」を知っておくと、トラブル時に役立ちます。

（1）契約書を作成していなかったために起きた事例

①トラブルの概要

当社はN社に対し、当社所定の注文書により設備装置を発注した。その仕様の詳細については、当社の設備担当の技術者とN社の製作担当の技術者とが数度打合せを行ったのみで、これを書面にはしなかった。

N社は設備装置を製作して納期通りに納入してきたので検査をしたと

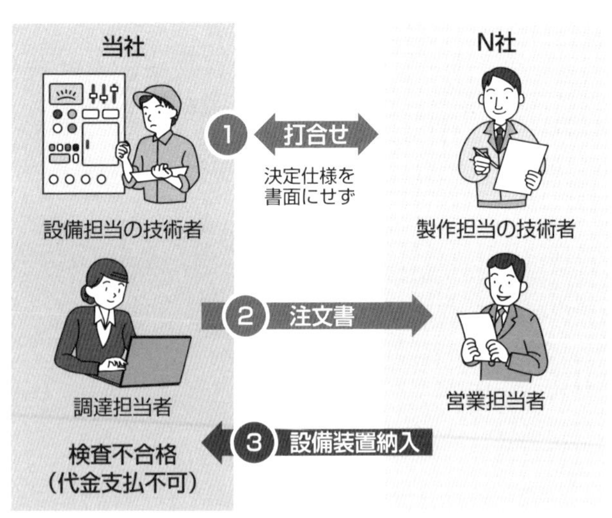

◆図表10-7　契約書を作成していなかったために起きた事例の関係性

ころ、所期の性能が上がらず、当社としては検査不合格を理由に、受領を拒み代金を支払わなかった。

その後N社は、当社に対し設備装置の性能は打合せをした仕様通りであると主張し、ついに代金支払請求訴訟を提起してきた。設備装置の仕様については、N社の製作担当技術者と当社の設備担当技術者との主張に著しい食い違いがあったが、書面による証拠がないため当社の主張を立証することは困難であった。

訴訟を継続することは当社にとって必ずしも有利でないと予想されたので、訴訟提起後2年目に当社はN社に対し代金の半額を支払うことで和解した。

②どこが問題だったのか？

今回の場合、N社と合議した仕様を書面にせず、調達担当者が注文書を発行したことです。

③どうすべきだったのか？

調達担当者は、合議した仕様を書面で明らかにしておくべきでした。

Point

将来問題が発生するであろうと予想される事項を詳細に書面で記載しておくことが重要です。例として、購入仕様（寸法基準、外観基準など）や契約内容（権利義務、不具合処理、賠償責任など）があります。なお、当事者間の約束（権利義務関係）の内容を明らかにしたものすべてが契約書になるので、注意が必要です。

(2) サプライヤー評価をしなかったために起きた事例

①トラブルの概要

当社A工場購買担当者B君は、プログラム開発の仕事を発注するにあたり数社とコンタクトを取り、見積価格の最も低かったC社に発注しようと考えた。A工場とC社とは今まで全く取引実績がなかったが、

C社の営業担当者の話では、社内の他工場であるD工場とは取引があるということから安心して、B君は特にC社まで出向くことなく取引先口座開設に必要な手続きをしただけで発注した。

納期近くになって、C社が倒産しそうだとの情報を入手し、B君は初めてC社に出向き状況を調査した。C社の資金繰り悪化の原因は、作業量確保のために大量の仕事を安値で請け負い、赤字が急増したことによるものであった。さらにC社のプログラマーは、既に半数近くが辞めて他社に移っていた。B君が発注していたプログラムは8割程度出来上がっていたものの、その担当者も既にF社に移ってしまっていた。B君は、発注金額の8割でこれを買い上げ、F社に新たに依頼してようやく完成させたが、納期が大幅に遅れ、当プログラムを組み込んだ製品の販売開始が遅れることとなってしまった。

その後、D工場の担当者に問い合わせてみたところ、過去に一度取引したことはあるが、納期対応が悪いので、それ以降は取引をしていないとのことであった。

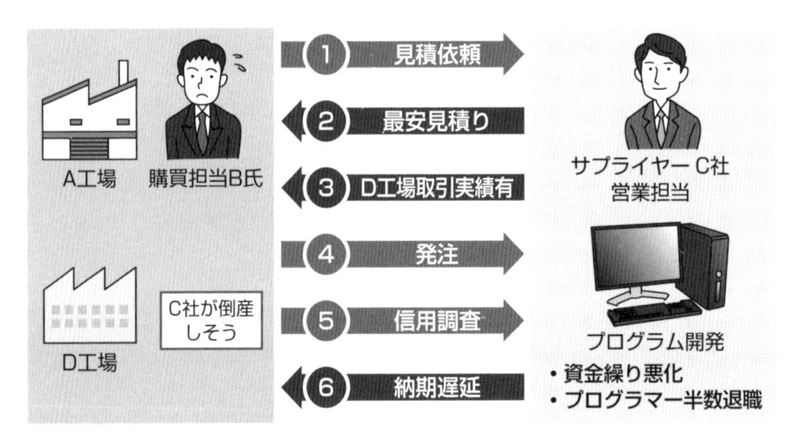

◆図表10-8　サプライヤー評価をしなかったために起きた事例の関係性

②どこが問題だったのか？

今回の場合、社内の他工場（D工場）のサプライヤーなので安心し、十分な信用調査をしないで取引をスタートしたことです。

③どうすべきだったのか？

調達担当者は、社内D工場の担当者からサプライヤーC社の情報を入手し、C社に対してサプライヤー評価（サプライヤー監査）を実施しておくべきでした。

Point

信用できるサプライヤーの評価基準を持ち、サプライヤー評価（監査）を実施することが必要です。信用できるサプライヤーの選定が企業の生産活動を円滑にするので注意が必要です。なお、信頼できるサプライヤーとは、次のような要件を満たしている企業のことです。

・財務内容が安定し、資金繰りがうまくいっていること
・不良品が少ないこと
・納期遅延がないこと
・仕入先および方法が安定していること
・販売先および方法が安定していること
・株価が安定していること
・同業者および第三者の評判が良いこと

（3）調達三権分立をしなかったために起きた事例

①トラブルの概要

当社のIT部門の元従業員（50代男性・在籍35年）が、20○○年から20○○年までの約○年間にわたって取引先と共謀し、業務委託料の水増しにより予備費の名目でサプライヤーにプールさせ、これを私的用途に使用していました。金額は合計約○○億円となります。

②どこが問題だったのか？

今回の場合、調達三権分立ができていなかったことです。

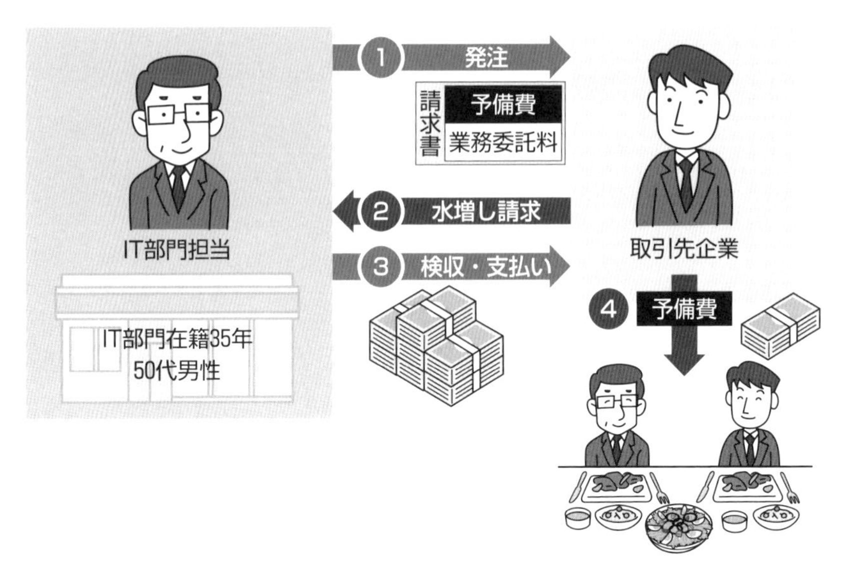

◆図表10-9　調達三権分立をしなかったために起きた事例の関係性

③どうすべきだったのか？

調達担当者は、調達三権分立による社内の牽制体制の徹底と強化、内部監査による定期的な社内業務調査のチェック機能の徹底と強化をしておくべきでした。

Point

要求元（仕様決定者）と契約者（サプライヤー決定者）、検収者（検収検査判定者）をそれぞれ独立させることで互いを牽制し、不正を防止するという**調達三権分立の体制を社内で構築すること**が重要です。

第11章

開発調達

本章では、購入品の開発調達について解説します。開発調達とは、製品開発の上流段階から社内関連部門やサプライヤーなどと協働で、購入品の仕様とコストを作り込むことです。開発調達の重要なポイントは、「情報収集」と「情報提供」です。サプライヤーやコスト、技術動向、市況などの情報を収集して調達戦略を立案し、研究開発部門や設計部門へ情報提供することで、企業利益を拡大させる方法がわかります。購入品の開発調達をする際に活用してください。

開発調達とは？ ～開発上流段階からの仕様とコストの作り込み～

» どの段階からが開発調達に当たるのか？

開発調達（アーリーソーシング）とは、製品やサービスの利益を創出するために、製品の企画構想段階や開発設計段階など、上流の早い段階から研究開発、設計、製造、品質保証、営業などの社内関連部門やサプライヤーなどと協働で、購入品の仕様とコストを作り込み、コスト低減や機能向上に取り組むことです。部品や原材料不足と価格高騰下では、製品開発の上流から組織的に外部の市場環境を反映させた仕様やコストを作り込む開発調達が納期遅延問題やコスト高問題の解決に役立ちます。

図表11-1に開発調達の誤解の例を示します。調達部門のみの活動や製造段階からの活動は開発調達とはいえません。また購入品すべてに適用するものではなく、企業利益や市場の拡大など、開発調達に適した購入品を対象にして取り組みます。

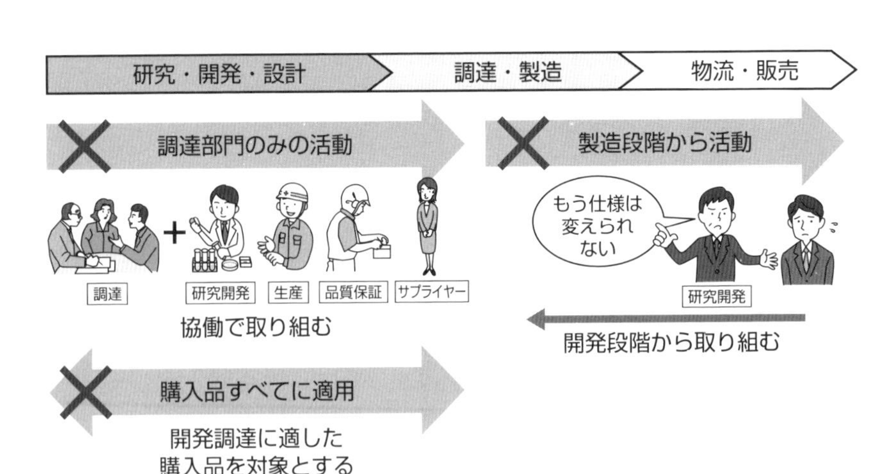

◆図表11-1　開発調達の誤解の例

開発調達の必要性

図表11-2の下段は**コスト決定率**を示しています。コスト決定率とは、製品のコストがどの程度確定しているかということです。開発設計の終了段階で製品コストの80%程度が確定しているといわれています。そのため、製造段階になってしまうと、コスト低減活動は大きなコスト低減効果は期待できないことがわかります。

また、図表11-2の上段には**コスト革新レベル**を示しています。コスト革新レベルとは、コスト低減ポテンシャル（コスト低減の可能性）のことで、開発設計段階では設計変更の自由度が高いためコスト低減ポテンシャルが高いが、製造段階では制約条件や変更コストが高くなり、変更の自由度が低いためコスト低減ポテンシャルは低いです。多くの製品コストは約50〜70%を購入品コストで占めるといわれています。

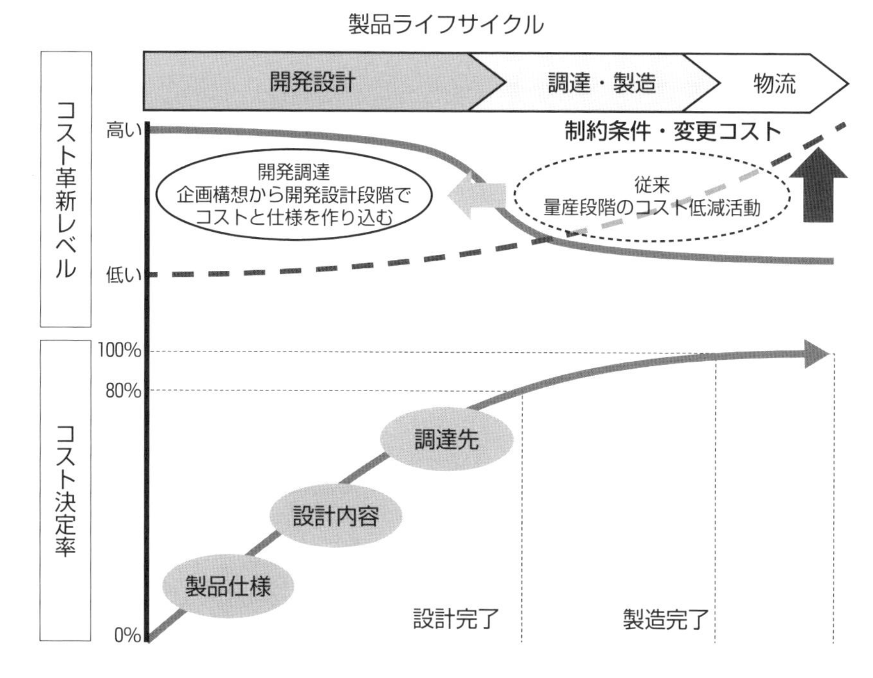

◆図表11-2　開発調達の必要性

以上のことから、製品やサービスの利益創出には、企画構想段階や開発設計段階での外部調達品のコストと仕様の作り込みをする開発調達が効果的であることがわかります。

11-2 開発調達の進め方と定着化 ～ソーシングプロセスの徹底～

›› 開発調達の進め方はソーシングと同じ

開発調達の進め方は2-1で解説したソーシングと同じです。サプライヤーおよび購入価格、購入仕様などの契約条件を決定するために、①対象選定、②チーム編成、③計画立案、④現状調査、⑤現状分析、⑥調達戦略立案、⑦サプライヤー調査、⑧サプライヤー分析、⑨サプライヤー・価格決定の９つの詳細ステップがあります。

開発調達の「対象選定」では、企業利益創出効果を考慮し、**年間購入金額や汎用性・カスタム性などの仕様**をもとに、対象品目を決定します。年間購入額が大きく、個別カスタム仕様の購入品がコストよりも仕様を優先して開発される場合が多く、コスト低減ポテンシャルも大きいため、開発調達に適しています。一方、年間購入額が小さく、汎用仕様の購入品は仕様よりもコストを優先して開発される場合が多く、コスト低減ポ

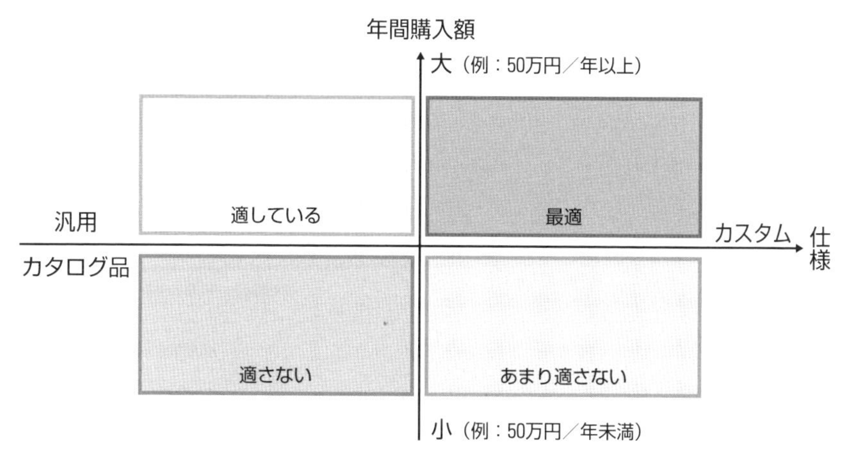

◆図表11-3　開発調達の対象購入品の選定方法の例

テンシャルも小さいため、開発調達に適しません。

開発調達の「計画立案」では、図表11-4のような開発調達の取り組みを考え、チームメンバー全員で、図表11-5のような開発調達計画を作成

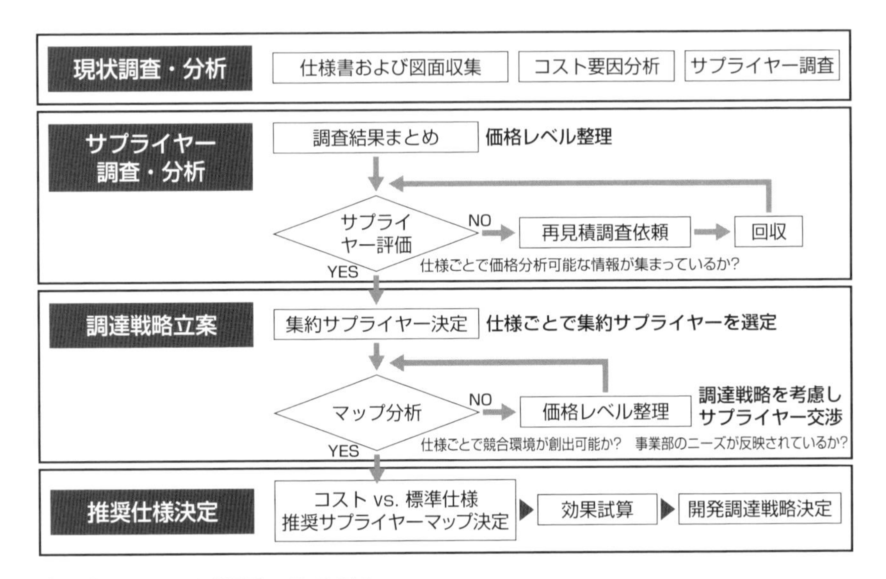

◆図表11-4　開発調達の取り組み

No.	取り組み	担当	1月	2月	3月	4月	5月	6月	7月
1	開発調達方針決定	○○	→						
2	開発調達の対象選定とチーム編成	○○	→						
3	現状調査（調達市場と購入実績）	○○	→						
4	現状分析（集約サプライヤー、標準仕様、コストドライバー）	○○	―	―	→				
5	調達戦略（サプライヤーマップ仮説）	○○		―	→				
6	サプライヤー調査（品質、コスト、納期他）	○○			―	―	→		
7	サプライヤー分析（サプライヤーの強み弱み）	○○				―	―	→	
8	推奨サプライヤー・仕様決定	○○						→	
9	情報発信（定着の仕組み作り）	○○							→

◆図表11-5　開発調達の計画作成の例

します。開発調達の取り組みでは、初めに社内にある仕様書および図面の収集や対象品目のコスト要因分析、サプライヤー調査によって、対象品目の現状調査・分析を実施します。次に、社外のサプライヤー調査・分析をし、その結果をまとめ、サプライヤー評価が良好な場合は、集約先サプライヤーとして決定します。決定したサプライヤーは推奨仕様と推奨サプライヤーの一覧表（推奨サプライヤーマップ）に仮登録され、推奨仕様で競合環境が創出できれば、推奨仕様とともに推奨サプライヤーとして決定となります。サプライヤー評価の結果が良好でない場合は、再見積調査を依頼し、回収結果からサプライヤー評価を再度実施し、マップ分析で良好でない場合は、価格レベル調整として、サプライヤーと価格交渉をします。

最終的には、推奨サプライヤーマップで、実際の手配仕様で見積書の作成を依頼し、効果を試算して、推奨サプライヤーと推奨仕様を決定します。

決定した推奨サプライヤーと推奨仕様を社内で活用するために、設計者などにそれらの情報を発信します。

11-3 開発調達の問題点〜方針・組織・計画・実施・評価・スキル・情報〜

»なぜ開発調達がうまく進まないのか？

開発調達がうまく進まない企業の主な問題点は次の７つです。

①開発調達方針が確立されていない（例：部門の優先テーマになっていない）
②開発調達組織が確立されていない（例：開発調達の専任組織がない）
③開発調達活動が計画されていない（例：誰がいつまでに何をするかが明確でない）
④開発調達が実施されていない（例：開発調達の業務プロセスがない）
⑤開発調達実績が評価されていない（例：開発調達の成果指標がない）
⑥開発調達のスキルが向上しない（例：開発調達の教育がない）
⑦開発調達の情報が発信されない（例：開発調達に必要な情報が不足している）

以上の７つの問題点について考え、それを解決することで、開発調達はうまく推進でき、大きな成果につながります。

開発調達の定着化 ～7つの問題を解決すること～

開発調達を定着化させるための取り組み

開発調達の問題点を踏まえ、開発調達を定着させるためには、次の取り組みが必要です。

・開発調達方針

企業利益に効果のある品目とあまり効果のない品目があります。**いかに企業利益に貢献できる品目を対象にするか**が重要です。そのためには、中期経営計画や経営戦略の目標達成に貢献する開発調達方針作りが必要です。

・開発調達組織

調達部門下に開発調達専任グループを設置し、開発調達推進事務局として品目別の担当者委員会を企画し、開発調達を全社活動にすることが必要です。

・開発調達活動計画

開発調達の活動計画は、11-2で解説した図表11-4のような開発調達の取り組みを考え、チームメンバー全員で、図表11-5のような開発調達計画を作成する必要があります。

・開発調達マネジメント

図表11-6に開発調達マネジメントの例を示します。活動計画のPDCAサイクルがうまく回るように、開発調達担当者や各部門の担当者、サプライヤーをフォローアップし、弱いところを強化します。

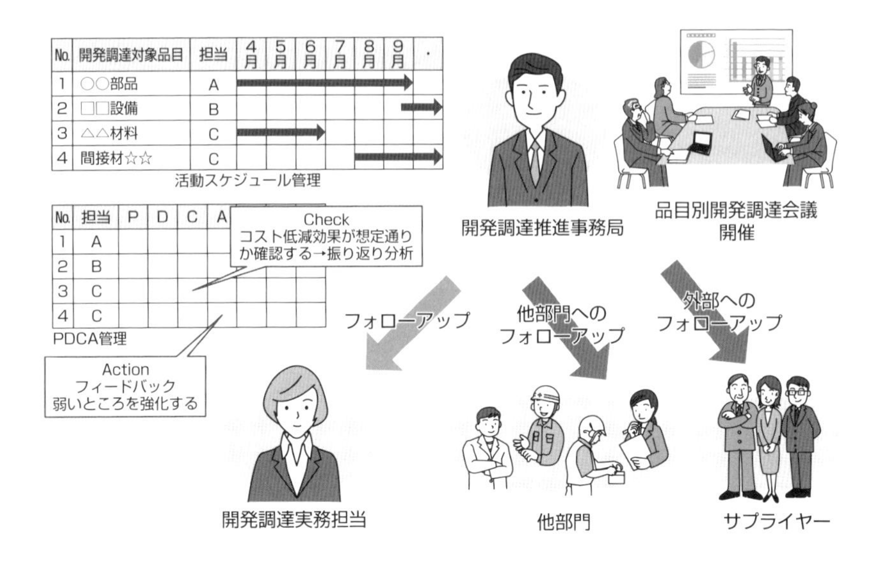

◆図表11-6　開発調達マネジメントの例

- **開発調達実績評価**

開発調達の成果は主に**コスト低減額**で表されます。コスト低減評価は、

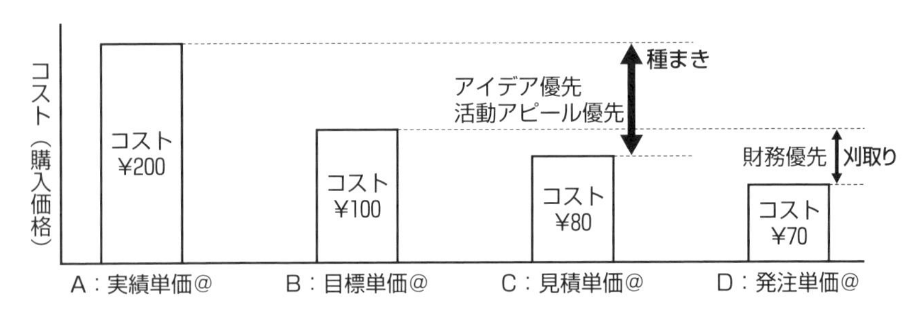

No.	コスト低減評価法	計算式	数量1個の場合	インパクト
1	見積価格－発注単価	＝(C－D)×数量	¥10－(¥80－¥70)*1	小
2	実績単価－見積価格	＝(A－C)×数量	¥120－(¥200－¥80)*1	**大**
3	目標単価－見積価格	＝(B－C)×数量	¥20－(¥100－¥80)*1	中
4	実績単価－発注単価	＝(A－D)×数量	¥130－(¥200－¥70)*1	**大**
5	目標単価－発注単価	＝(B－D)×数量	¥30－(¥100－¥70)*1	小

※インパクト=効果額の大きさではなく、経営幹部へのインパクトの大きさ

◆図表11-7　開発調達のコスト低減評価の例

図表11-7のNo. 2の（A前値実績単価―C入手した見積単価）×計画数量で評価される場合が最も多いです。これを「**種まきのコスト低減額**」と呼びます。ここでは実績単価がない購入品をどのように算出するかが課題です。類似品の仕様とコストの関係から計算する場合が多いです。

・開発調達のスキル向上

開発調達には以下の業務があります。

①原材料部品選択・サプライヤー選択のガイド作成
②サプライヤー技術情報のまとめ
③市場・価格情報のまとめ
④競合サプライヤー・コスト情報収集・分析
⑤サプライヤー共同開発のコーディネート
⑥海外有利サプライヤーの先行開拓
⑦購入品のコスト分析
⑧仕様vs.コストのガイダンス
⑨設計改善・VE提案

上記の開発調達業務を実行するためには、次の力を強化させる教育・訓練が必要です。

①情報収集調査力（面接・観察・質問紙法、マーケティング手法など）
②論理的思考力（問題点系統図、機能定義方法、機能系統図など）
③問題・課題発見力（コスト・機能評価法、価値評価法、作業分析法など）
④アイデア発想力（ブレーンストーミング法、チェックリスト法など）
⑤本質洞察力（具体化のサイクル法など）
⑥ビジョン構築力
⑦プレゼン力（提案資料作成、プレゼンテーション技法など）
⑧チームデザイン力（チーム活動の進め方、リーダーの役割など）

⑨コミュニケーション力（コミュニケーション法など）
⑩マネジメント力（プロジェクトマネジメントなど）

・**開発調達の情報発信**

図表11-8に開発調達のゴールイメージを示します。各部門の開発調達担当者委員会メンバーに推奨仕様や推奨サプライヤーなどの推奨品情報を発信し、その推奨品を依頼部門（設計者）が使用することで購入品のコストが低減でき、企業収益が向上して企業価値が向上する姿が活動のゴールになります。

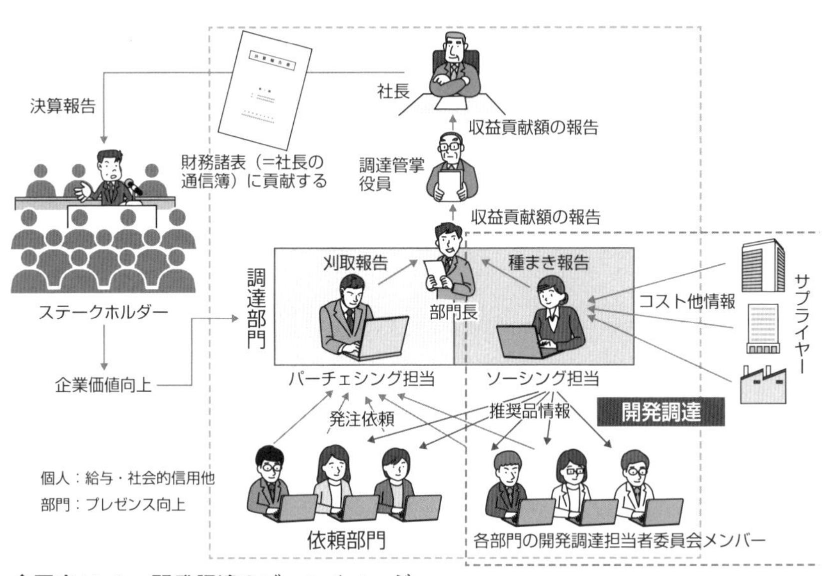

◆図表11-8　開発調達のゴールイメージ

11-5 開発調達と原価企画〜部品・原材料不足時代の製品利益創出活動〜

開発調達と原価企画を融合した取り組み

調達先進企業では、**開発調達と原価企画を融合した取り組み**を実施している企業があります。製品総コストに占める購入品金額の割合は約50〜70%になり、ますます外注化・アウトソーシング化が増加する傾向にあります。

そこで、図表11-9のように、原価企画活動の中で重要な購入品目を対象に開発調達に取り組むといった活動をしています。原価企画とは製品の利益計画を達成するために、目標仕様と目標コストを達成させる活動のことです。

部品・原材料不足時代の開発調達では、サプライヤー変更や代替品変

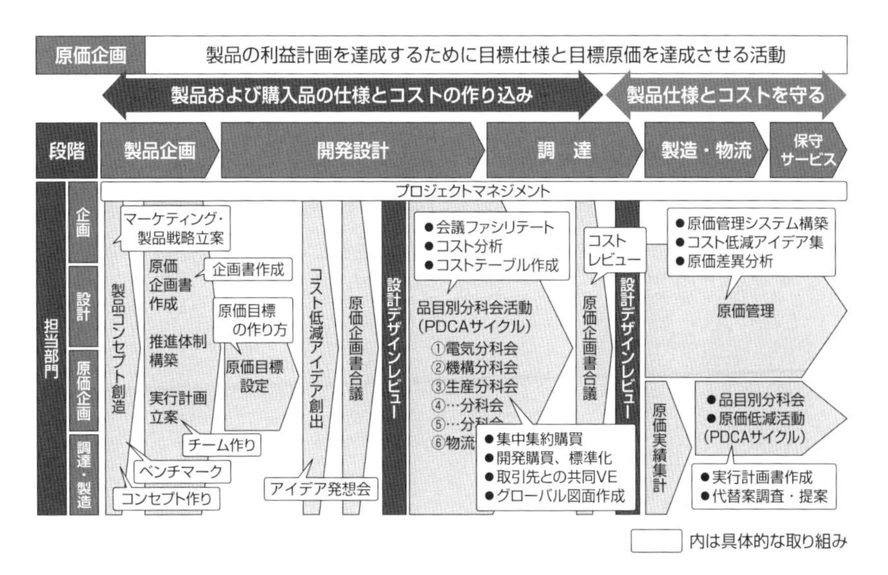

◆図表11-9 開発調達と原価企画

更だけでは部材コストの低減は困難な場合が多く、何か仕様を減らしたり、少なくしたりする設計（レス・エンジニアリング設計）が必要です。そのためにも、顧客要求仕様から見直す原価企画活動との連携が不可欠です。

原価企画のリスクヘッジ（リスク低減策）の事例

図表11-10に代表的な原価企画の発生リスクとその要因、図表11-11にフェーズ別・部門別原価企画の発生リスクと要因マップを示します。これらの発生リスクに対するリスク低減策の実践事例を以下に示します。

発生リスク	リスクの原因
リスク管理の形骸化	リスク管理プロセスがない、ホールドポイント管理機能の不足、経営幹部の監督・支援機能の不足、適切なリソース投入不足、本社の原価企画活動の機動的な現場支援の不足、経営幹部に向けたコミュニケーション不足
研究開発費の目標コスト超過	研究開発者の技術力、コスト管理力、工程管理不足、ミドルマネジメントの支援不足
品質目標未達	品質に対する正しい考え方や判断の不足、品質に関する第三者の目線での牽制機能の不足
法令や業界規制違反	法令・規格遵守の管理不足、コンプライアンス意識の低下
部材不足におけるSCMやBCP問題	SCMやBCP対策を考えた製品・部品・生産標準化の取り組みの不足

◆図表11-10　代表的な原価企画の発生リスクとその要因

フェーズ／責任部門	企画構想段階	開発設計段階	製造段階	物流・販売段階	リスク（結果）
マーケティング	市場や顧客ニーズの把握と分析が不十分	市場や顧客ニーズの設計仕様への反映確認不足	市場や顧客ニーズの製造仕様への反映確認不足	市場や顧客の反応状況の把握と分析が不十分	①販売数減少 ②顧客クレーム数増加
営業	販売戦略、顧客ニーズの把握と分析、売価設定が不十分	顧客ニーズの設計仕様への反映確認不足	顧客要求納期の生産計画への反映と確認不足	物流・販売ルートの確認不足	①製品仕様が決まらない ②儲からない売価設定
設計	製品コンセプトが不適、競合との差別化不足、コスト見通し不足、法令・規制確認不足	新技術のノウハウが不足、品質の知識不足、品質評価と改善不足、法令・規制違反	製造仕様書の不足、設計変更、法令・規制違反	ロジスティックス仕様の不足・変更、法令・規制違反	①売れない製品仕様 ②儲からないコスト構造 ③開発工数増加 ④QCD目標未達
調達	使用する部材とサプライヤーの把握と分析が不十分	使用する部材の品質・コスト・納期の向上対策不足	使用する部材の品質・コスト・納期の向上対策不足	サプライヤー管理不足、部材需給状況把握と分析不足	①部材品質トラブル発生 ②部材コスト目標未達 ③部材納期遅延発生
製造	想定される製造に関する品質不良事例の非共有	想定される製造品質不良の未解決、製造効率向上未対策	製造品質不良の未解決、製造効率向上未対策	製造品質不良の未解決、製造効率向上未対策	①製造不良発生 ②製造工数増加
品質保証	想定される品質不良事例の非共有	想定される品質不良の未解決	品質不良の未解決	品質不良の未解決	①品質不良発生 ②品質対策コスト発生
原価企画	市場や顧客ニーズとコストの把握と分析が不十分	製品仕様とコストの分析と解決策の支援が不十分	製品仕様とコストの管理が不十分	市場や顧客の反応状況の把握と分析が不十分	①利益目標未達
本社	ホールドポイント審査会の形式的開催、支援・指導不足				①全体最適化ができない ②不正発生
経営責任者	ホールドポイント審査に不参加、審査が不十分、判断ミス				①誤った判断で製品の各フェーズが進む
リスク（結果）	①誤った製品開発の目標設定（品質、コスト、納期、製品仕様、利益計画など）	①誤った製品仕様書・目標設定（標準品質、標準コスト、標準納期、製品標準仕様、利益計画など）	①製品仕様が不確定な状態で進む ②製造・出荷停止	①製品トラブル発生 ②製品出荷停止	①事業収益の赤字 ②事業縮小

◆図表11-11　フェーズ別・部門別原価企画の発生リスクと要因マップ

»リスク管理の形骸化

図表11-12にリスク管理の形骸化を改善した事例を示します。経営責任者が**ホールドポイント会議**（製品開発フェーズゲート審査会議）に参加し、経営視点で審査し、次フェーズへの判断をします。また関連する各部門が参加し、責任と権限を持って、互いを牽制する機能を導入することで、リスク管理の形骸化を改善します。

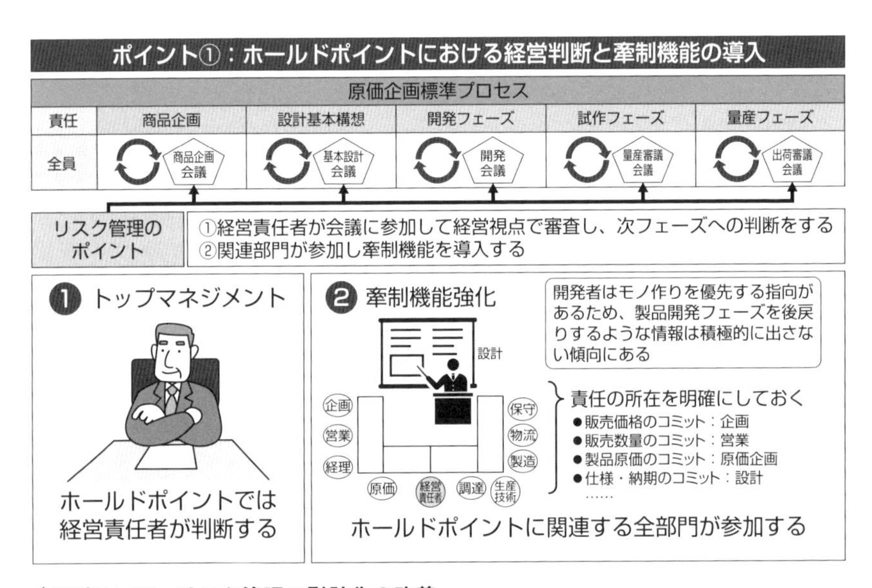

◆図表11-12　リスク管理の形骸化の改善

»研究開発費の目標コスト超過

図表11-13に研究開発費の目標コスト超過を改善した事例を示します。類似製品の過去の原価目標と実績値の差異分析をして、**予備費**（コンティンジェンシー）を設定することで、目標コスト超過を改善しました。予備費とは、一般に発生の可能性はあるが不確定であるため、現時点では定量化することが困難な潜在的コストに備えるために、予算上に設けられた危機予備費のことです。

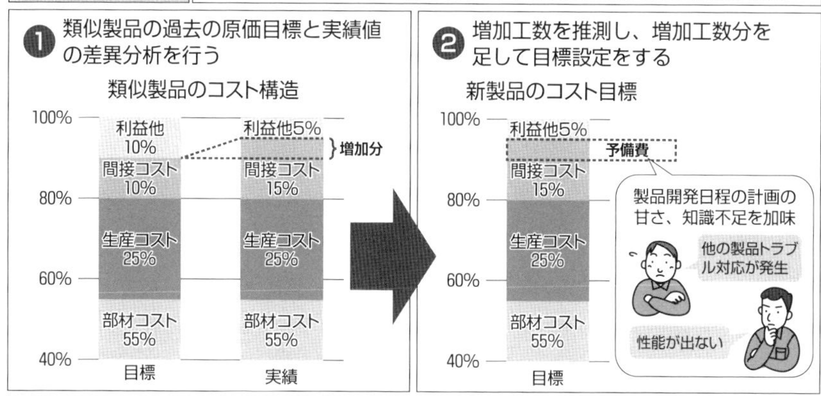

◆図表11-13　研究開発費の目標コスト超過の改善

≫部材不足におけるBCP問題

部材不足におけるBCP（事業継続計画）問題を改善した事例は12-2で詳しく説明します。図表12-1の情報を今後のリスク低減施策の立案に活用していきます。

≫リスク発生場所

図表11-10の代表的な５つのリスクを図表11-11のフェーズ別・部門別原価企画の発生リスクと要因マップにマッピングすると、企画構造段階および開発設計段階にあることがわかります。このことから製品開発・原価企画活動のリスク低減施策は、上流段階について検討することが重要であると考えられます。

フェーズ	企画構想段階	開発設計段階	製造段階	物流・販売段階	リスク（結果）
マーケティング	[illegible]	市場や顧客ニーズの設計仕様への反映確認不足	市場や顧客ニーズの製造仕様への反映確認不足	市場や顧客の反応状況の把握と分析が不十分	①販売数減少 ②顧客クレーム数増加
[illegible]	[illegible]	顧客ニーズの設計仕様への反映確認不足	顧客要求納期の生産計画への反映と確認不足	物流・販売ルートの確認不足	①製品仕様が決まらない ②儲からない売価設定
[illegible]	[illegible]	新技術のノウハウが不足、品質の知識不足、品質評価と改善不足、法令・規制違反	製造仕様書の不足、設計変更、法令・規制違反	ロジスティックス仕様の不足・変更、法令・規制違反	①売れない製品仕様 ②儲からないコスト構造 ③開発工数増加 ④QCD目標未達
調達	使用する部材とサプライヤーの把握と分析が不十分	使用する部材の品質・コスト・納期の向上対策不足	使用する部材の品質・コスト・納期の向上対策不足	サプライヤー管理不足、部材需給状況把握と分析不足	①部材品質トラブル発生 ②部材コスト目標未達 ③部材納期遅延発生
製造	想定される製造に関する品質不良事例の非共有	想定される製造品質不良の未解決、製造効率向上未対策	製造品質不良の未解決、製造効率向上未対策	製造品質不良の未解決、製造効率向上未対策	①製造不良発生 ②製造工数増加
品質保証	想定される品質不良事例の非共有	想定される品質不良の未解決	品質不良の未解決	品質不良の未解決	①品質不良発生 ②品質対策コスト発生
原価企画	市場や顧客ニーズとコストの把握と分析が不十分	製品仕様とコストの分析と解決策の支援が不十分	製品仕様とコストの管理が不十分	市場や顧客の反応状況の把握と分析が不十分	①利益目標未達
本社	ホールドポイント審査会の形式的開催、支援・指導不足				①全体最適化ができない ②不正発生
経営責任者	ホールドポイント審査に不参加、審査が不十分、判断ミス				①誤った判断で製品の各フェーズが進む
（結[illegible]	①誤った製品開発の目標設定（品質、コス[illegible]納期、製品仕様、[illegible]	①誤った製品仕様書・目標設定（標準品質、標準コスト、標準[illegible]	①製品仕様が不確定な状態で進む ②製造・出荷[illegible]	①製品トラブル発生 ②製品出荷停止	①事業収益の赤字 ②事業縮小

POINT!!

【ご提案】自社のリスク発生場所（＝自社の弱み）を事前に強化しておく

◆図表11-14　リスク発生場所

第12章

リスク管理

本章では、購入品のリスク管理について解説します。さまざまなリスクを認識し、分析・評価することで、これを管理する戦略を立て、リスクを回避したり、その影響を軽減したりするマネジメント手法がわかります。購入品のリスク管理やBCP（事業継続計画）を立案する際に活用してください。

12-1 リスク管理とは? ~リスクの3要素:事象、発生確率、影響度~

リスクとは?

調達業務では、為替リスクやサプライヤーの倒産リスク、地政学リスクなど、**さまざまなリスクを考えながら業務を進めること**が重要です。リスクとは、これから遂行しようとする活動の目的に対して、影響を与える不確実な出来事であり、それによって引き起こされる結果と影響度のことです。リスクの基本要素には、①**リスク事象**、②**リスク事象の発生確率**、③**リスク事象の影響度**の3つがあります。リスク対策を考える際には、この3つの基本要素を考える必要があります。

リスク管理の進め方

リスク管理とは、企業活動のさまざまなリスクを認識して分析・評価することで、これを管理する戦略を立ててリスクを回避したり、その影響度を軽減したりするマネジメントのことです。

リスク管理の進め方は、事業のさまざまなリスクを洗い出す⇒分析・対策を考える⇒リスクを回避・軽減する計画を立てる⇒対策を実施する、という流れになります。そして、この対策を評価・改善します。リスクの洗い出しでは、関係者全員で実施し、チェックリスト活用だけでは従来の考え方に捉われるので、ゼロベースでブレーンストーミングを実施することが重要です。

リスク対策を考える際の優先順位

リスク対策を考える際の優先順位は、その影響度と発生確率から考えます。最も優先順位が高いのは、影響度が大きく発生確率も高いリスクになります。次に優先順位が高いリスクは影響度が大きく、発生確率が低いリスク、そして、次が影響度は小さいが発生確率が高いリスクになります。

2つのリスク管理

リスク管理には、リスクが起こる前の**リスク・コントロール**と、リスクが起こった後の対応策である**リスク・ファイナシング**があります。リスク・コントロールには、リスクの回避、リスクの軽減、リスクの分散、リスクの転嫁の4つの対応策があります。調達担当者は、上記の4つの視点と行動を兼ね備えることが大切です。これらによってリスクの影響度や発生確率を抑えられます。

たとえば1つ目の**リスクの回避**は、リスクの原因を取り除くことで脅威となり得る事象を外すことです。その理由は、リスクの回避によってリスク発生確率が低減できるからです。チャイナ・リスクの回避を考えて、中国以外の国のサプライヤーから購入するなどの対策があります。

2つ目の**リスクの軽減**は、リスクが起こった場合の影響度をあらかじめできる限り軽減することです。その理由は、リスクの軽減によってリスク影響度が低減できるからです。チャイナ・リスクの軽減を考えて、上海に情報収集などの機能を持つ組織を構築するなどの対策があります。

3つ目の**リスクの分散**は、リスクが起こった場合の影響度の負担を分散することです。その理由は、リスクの分散によって、1つひとつのリスクの影響度が低減できるからです。チャイナ・リスクの分散を考えて、生産地を中国と日本国内に分けるなどの対策があります。

4つ目の**リスクの転嫁**は、リスクが起こった場合の影響度を他者に移転することです。損害保険などで、保険会社に一定の掛け金を支払うことで、リスクが生じた際の損失を保険会社に補填してもらうなどの対策があります。

購入品のリスクで最も有名なのは**為替リスク**です。為替が円高や円安の際、購入品にどのような影響があるかを知っておく必要があります。円高の場合は輸入材料や輸入品が安く手に入ります。一方、円安の場合は輸入材料や輸入品が高くなります。また、商品相場で価格が大きく動く部材についても知っておく必要があります。購入するタイミングをずらすだけで購入価格を低減することが可能な場合があります。

<商品相場で価格が大きく動く部材の例>

・石油や鉱業生産物
・鉄鋼、鉄製品、銅、貴金属
・農産物
・半導体
・繊維
・化成品（化学品、工業薬品など）

12-2 リスク対応策～リスクの回避、軽減、分散、転嫁～

❯❯ リスク対応策をもとに自社の製品や組織に合った取り組みを考える

図表12-1に部材不足についてのリスク対応および各種施策の例を示します。リスク対策と各種施策の一覧表を参考に、**自社の製品や組織に合った取り組みを考える**必要があります。

リスク対策方針	部材不足についてのリスク対策	各種施策
リスク回避	事業・製品からの撤退	対象部材を使用する製品の生産中止
	部品構成の変更	設計変更
リスク軽減・分散・転嫁	部材在庫の積み増し	部材の適正在庫
	サプライヤー切替	推奨サプライヤー選定
	部材の標準化	標準部品選定、特殊仕様排除
	BCP（事業継続計画）策定	標準業務プロセスにリスクマネジメントを取り入れる
	BCM（事業継続マネジメント）整備	
	営業・設計・調達・製造・保守などの社内連携強化	標準業務プロセス構築
	サプライヤーとの社外連携強化	部品集中集約購買、サプライヤー・リレーションシップ・マネジメント
	競合企業との代替生産契約	代替生産プロセス構築
	調達先の分散化（国・地域）	推奨サプライヤー選定
	生産先の国や地域の分散化	推奨サプライヤー選定

◆図表12-1　部材不足についてのリスク対応および各種施策の例

12-3 リスクマネジメントに必要な5つの力 ～組織の成果はリーダーで決まる～

»リスクマネジメントに必須の５つの力

リスクマネジメントを実行する際には、次に挙げる5つの力が必要となります。

・リーダーシップ力

リーダーシップ力とは、組織的な危機管理力向上のために目標を設定し、それを成し遂げるためにメンバーを適切に導く力と利害関係者とのコミュニケーション力のことです。①率先して組織の危機管理力向上に資する行動をしている、②自社で発生する可能性のある「危機」について経営幹部に報告している、③経営への影響が予測される「危機」への対策状況について経営幹部に報告している、④重大化する恐れのある「危機」を社内で早期に共有する仕組みを作っているなどの行動が必要です。

・先見力

将来、自社に影響を与える可能性がある「危機」を予見する力のことです。①業界・競合企業で発生した「危機」を把握・研究している、②自社に影響を与える可能性がある政策方針の情報収集・分析をしている、③自社の経営リスクを予測し、定期的に経営幹部に報告している、④想定した「危機」が発生した場合の自社に与える影響（金額など）を予測しているなどの行動が必要です。

・回避力

危機の発生を未然に予防・回避、または危機の発生を事前に想定し、リスクの影響を低減する力のことです。①全社的な危機管理を定期的に検討する場に参加している、②本社以外の海外や他拠点、社外組織と連携した危機回避・予防体制を構築している、③自社に影響を与える可能性がある「危機」への対応について優先付けをしている、④危機管理の専門部門から情報収集ができるようにしているなどの行動が必要です。

・被害軽減力

危機が発生した場合に、迅速・的確に対応し、ステークホルダー（利害関係者）や自社が受ける被害を軽減する力のことです。①緊急事態に対応するための全社的な体制やマニュアル、ガイドラインを理解している、②定期的に危機発生時のシミュレーションやトレーニングをしている、③上長不在時の危機対応プロセスを具体的に定めている、④緊急発生時に危機管理部門や行政当局と連絡・相談がしやすい関係を構築しているなどの行動が必要です。

・再発防止力

危機発生の経験や事例と向き合い、より効果的な危機管理や社会的信頼の回復を実現する力のことです。①自社で過去に発生した「危機」を踏まえ、危機管理マニュアルの改訂を理解している、②自社で過去に発生した「危機」が再発する可能性を低減する仕組みを構築している、③自社で過去に発生した「危機」が再発した場合の被害最小化改善策を実施している、④再発防止を目的に、自社で過去に発生した「危機」の反省点を組織内で共有しての行動が必要です。

組織の成果はリーダーのリスクマネジメント力で決まります。特に調達の管理者は、日頃から意識して、これら５つの力を強化する必要があります。

12-4 先進企業事例 ～BSとチェックリスト、SRM～

≫部品・原材料不足時代のリスクマネジメント

調達先進企業では、図表12-2に示すように、リスク洗い出しのために、関係者全員参加による**アイデアチェックリスト**と**ブレーンストーミング**（BS）（91ページ参照）を活用した方法を採用している企業が多いです。

また購入品のリスク対策では、図表12-3のように、**SRM**（Supplier Relationship Management、サプライヤー・リレーションシップ・マネジメント）を実施している企業が多いです。SRMとは、購入品の品質・コスト・納期のリスク低減のために、サプライヤーとさまざまな情報を共有し、サプライヤー評価や改善の協力や支援によって、相互に信頼関

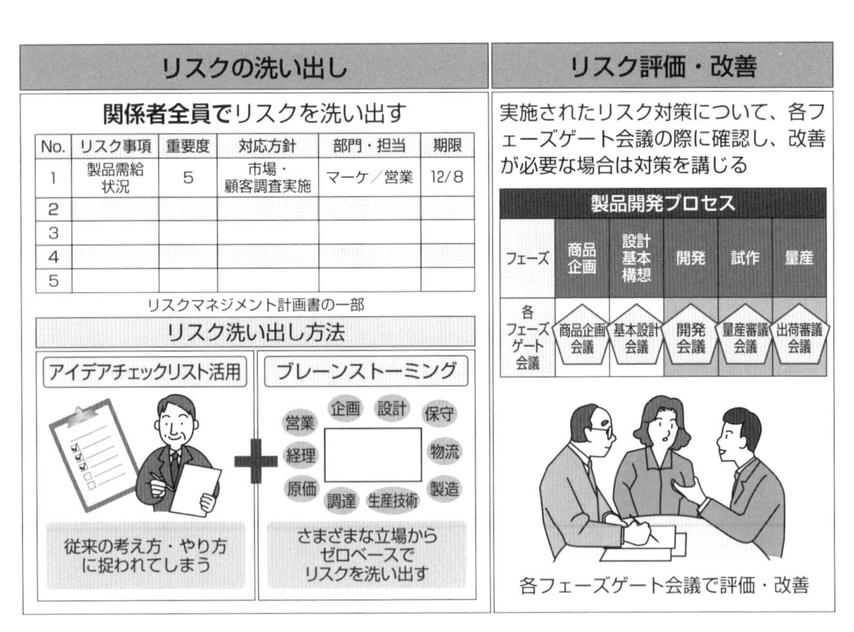

◆図表12-2　リスク洗い出し方法の例

◆図表12-3　SRMの例

係を構築する方法です。その進め方は、①サプライヤーの位置付け（自社にとっての重要度を確認）、②要求事項の共有（サプライヤーが何を望んでいるか確認）、③問題・課題の解決（信頼関係構築の取り組み）、④協力関係の定着化（関係性の維持）です。

第 13 章

部品・原材料不足時代に打ち勝つ調達

本章では、部品・原材料不足時代に打ち勝つ調達について解説します。部品・原材料不足時代でもあまり不足していない部品・原材料があります。それは、サプライヤー各社の強みのある標準仕様品（市販品）です。ここでは部品・原材料不足時代に最も有効な部品標準化プロジェクトと集中集約プロジェクトの進め方がわかります。部品標準化や部品集中集約購買に取り組む際に活用してください。

部品標準化プロジェクト～部品・原材料不足時代の調達安定とコスト低減～

部品標準化とは？

部品・原材料不足時代でも安定して部材を調達する（調達保全）ために、**部品標準化**に取り組む企業が多いです。部品標準化とは、部材コスト低減、設計工数低減、生産効率向上、品質安定化、管理コスト低減のために、部品や材料の標準（推奨）仕様を決定することです。①仕様・コスト・サプライヤー現状分析、②推奨仕様決定、③部品選定、④推奨品使用率評価というステップで部品標準化を進めます。

部品標準化をすることで、図表13-1のようなメリットが得られます。

メリット	効果
部材コスト低減	安価な仕様へ切り替えることで部材コストが低減できる
設計工数低減	イチから開発する部分が少なく、設計工数を低減できる
生産効率向上	推奨仕様の数を低減することで、製造時の部品の段取り替えなどの時間が低減できる
品質安定化	サプライヤーの標準品が繰り返し大量に生産されているので品質も安定する
部品管理コスト低減	標準品に部品を集約することで部品数が低減できれば、倉庫管理コストや実装段取り替え時間の短縮などにつながる
安定調達	サプライヤーの強みである標準品は市販品になることが多いため、品不足の際も入手しやすく、安定調達ができる

◆図13-1　部品標準化をすることで得られるメリット

部品標準化の進め方

部品標準化の進め方は2-1で解説したソーシングと同様です。サプライヤーおよび購入価格、購入仕様などの契約条件を決定するために、①対象選定、②チーム編成、③計画立案、④現状調査、⑤現状分析、⑥調達戦略立案、⑦サプライヤー調査、⑧サプライヤー分析、⑨サプライヤー・価格決定の９つの詳細ステップがあります。

歯止めの仕組み

部品標準化活動で決定した推奨仕様（標準化仕様）部品を実際に製品で適用するための仕組み作りが重要です。そのためにも、図表13-2で示すように、**推奨レベル設定を明確にすること**、**推奨品使用時は資材割などの負担を軽減すること**、**システム上で推奨仕様しか選択できないようなシステムを構築すること**が必要です。

①推奨レベル設定

推奨レベル	設定内容
1	推奨
2	準推奨
3	使用可
4	非推奨
5	新規使用禁止

②推奨品使用時は資材割を変える

A製品	推奨・非推奨	資材割
部材A	推奨	3%
部材B	推奨	3%
部材C	非推奨	10%
部材D	推奨	3%

③カスタム品コストシミュレーター

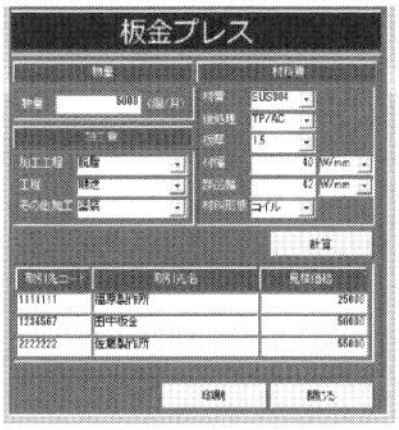

板金プレス

仕様を入力すると推奨サプライヤーと見積価格を表示する

④非推奨仕様を使いにくい環境構築

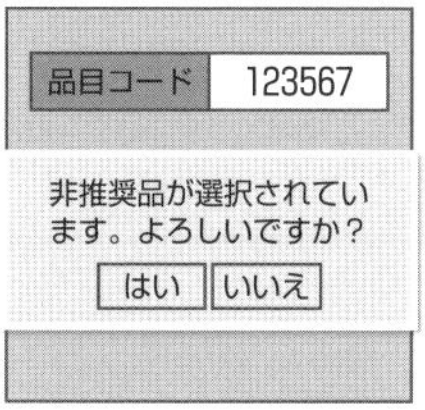

品目コード 123567

非推奨品が選択されています。よろしいですか？

はい いいえ

BOM登録システムで非推奨品を選択すると確認画面を表示する

◆図表13-2　歯止めの仕組みの例

標準化プロジェクト会議

標準化プロジェクト
プリント基板分科会
2023.12.10

部品標準化に**必要な情報**を**収集**し、**提供**する会議の開催

（市況、購入実績、購入仕様、トレンド情報、仕様vs.コストのガイダンス、サプライヤー技術／価格情報、海外サプライヤー情報、コスト低減事例など）

標準化プロジェクト会議			
No.	アジェンダ	発表者	所要時間
1	ご挨拶／ご指示	役員	5分
2	標準化状況説明	PJリーダー	20分
3	BOM整備状況説明	PJサブリーダー	20分
4	標準化システム紹介	メンバー	20分
5	プリント基板分科会説明	分科会主査	20分
6	電機部品分科会活動報告	分科会主査	20分
7	機構部品分科会活動報告	分科会主査	20分
8	標準化事例紹介 ①○○、②○○	各担当者	各20分

◆図表13-3　部品標準化に必要な情報の収集と提供のための会議の例

情報発信

図表13-3に部品標準化に必要な情報の収集と提供のための会議の例を示します。アジェンダのような項目を発表し、設計者などが必要なデータを提供します。

部品標準化プロジェクトのコスト低減効果

図表13-4に各種標準化プロジェクトのコスト低減効果の例を示します。総コストのうちの部材コストが最も大きいため、その影響度も最大となります。また、部品標準化プロジェクトは設計工数低減や生産効率向上、品質安定化などさまざまな効果があり、部品管理コストの大幅な低減もできます。

部品・原材料不足時代に打ち勝つためには、部品標準化プロジェクトによって、安価な代替サプライヤーや代替部品に変更しやすいように部品仕様を標準化し、同時に部材コストを低減することが重要です。

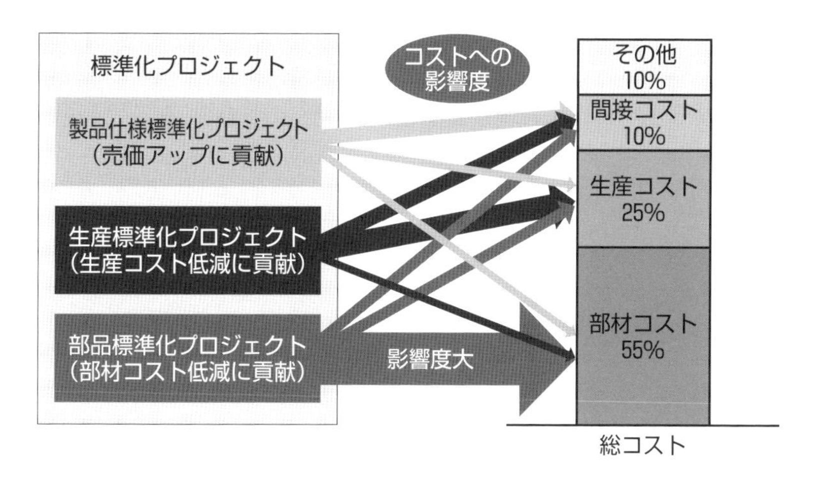

◆図表13-4　部品標準化プロジェクトのコストへの影響度

≫ 部品標準化プロジェクトの計画例

図表13-5に部品標準化プロジェクトの計画例を示します。まず、経営方針や事業方針を把握し、これらに基づいて部品標準化方針を立案します。次に部品標準化活動のための組織体制を構築し、活動計画を立案します。そして、品目別分科会活動を実施し、対象品目の標準仕様を作成します。標準部品適用評価で問題なければ、標準部品や標準仕様の情報を会議や資料で発信します。

これらと同時に、標準部品適用プロセスの規定化や標準部品の使用を活性化するためのインセンティブ制度や標準部品を適用するための部品選定システムなどの歯止めシステムを検討します。

No.	取り組み	担当	4月	5月	6月	7月	8月	9月	10月
1	経営方針、中期経営計画、事業方針の把握								
2	部品標準化方針立案と組織体制構築								
3	活動計画立案（対象品目選定、スケジュール）								
4	品目別分科会活動（標準仕様作成）								
5	標準部品適用評価								
6	標準部品情報発信								●
7	標準部品適用プロセスの規程化								
8	歯止めシステム検討								

◆図表13-5　部品標準化プロジェクトの計画例

13-2 集中集約購買プロジェクト～調達保全のためのサプライヤーとの連携強化～

≫ 集中集約購買プロジェクトの活動計画

第2章で**集中集約購買**の進め方を、第5章でその考え方を詳しく解説しました。ここでは、集中集約購買プロジェクトの活動計画を説明します。図表13-6に集中集約購買プロジェクトの計画例を示します。

活動内容	成果	期限	主担当	2023年度			
何をするか	成果物は何か	―	誰が	1Q	2Q	3Q	4Q
プロジェクト組織体制構築	体制表	4月上旬	調達部	➡			
対象部品の購入仕様分析		5月上旬	設計部他	➡			
推奨標準仕様決定	推奨仕様	5月末	設計部	➡			
サプライヤー別品質調査	品質評価一覧	6月末	設計部	➡			
サプライヤー別コスト調査	コストテーブル	6月末	調達部	➡			
サプライヤー別納期調査	納期評価一覧	6月末	調達部	➡			
サプライヤー評価実施	サプライヤー評価表	7月上旬	調達部他		➡		
集約先サプライヤー決定	資料	7月中旬	調達部		➡		
サプライヤー選定システム開発	システム	2月中旬	情報システム部	━	━	━	━➡
サプライヤーデータ登録	DB	1月末	調達部			━	━➡
サプライヤー選定システム運用開始		3月～	調達部				➡

◆図表13-6　集中集約購買プロジェクトの計画例

まず、プロジェクト組織体制を構築し、対象部品の購入仕様を設計部を中心に分析し、推奨標準仕様を決定します。次にサプライヤー別の品質、コスト、納期を調査し、サプライヤーを評価し、集約先サプライヤーを決定します。これらと同時に、集約先サプライヤーを活用するために、仕様入力すると調達戦略に従った推奨サプライヤーが簡単にわかるサプライヤー選定システムを開発し、見積価格などのサプライヤーデータを登録後、運用を開始します。

部品・原材料不足時代に打ち勝つためには、サプライヤーとWin-Winの関係を構築し、調達保全のための連携を強化する必要があります。これに集中集約購買は非常に有効です。

第14章

調達DX

本章では、調達DX（Digital Transformation：デジタルトランスフォーメーション）について解説します。調達DXとは、データとデジタル技術を活用して調達業務を変革し、調達業務の効率と生産性を向上させることです。ここでは調達業務のDX化には、どのようなシステムがあり、どのように進めていけば良いかがわかります。調達業務のDX化の際に活用してください。

14-1 調達DXとは? ～調達業務の効率化のためのデータとデジタル技術の活用～

≫ 調達DXの定義

経済産業省は、『デジタルガバナンス・コード2.0』の中で、DXとは、「企業がビジネス環境の厳しい変化に対応し、データとデジタル技術を活用して、顧客や社会のニーズを基に、製品やサービス、ビジネスモデルを変革するとともに、業務そのものや、組織、プロセス、企業文化・風土を変革し、競争上の優位性を確立すること」と定義しています。

これを踏まえ、**調達DX**は、調達業務の効率や生産性を高めるために、データとデジタル技術を活用して調達業務を変革することと定義します。調達人員が不足する中、より多くの成果を創出するためには、調達DXによる調達業務の効率化や生産性の向上は今後ますます重要になってくるでしょう。

≫ 調達DXのメリット

調達DXを進めることで、次のようなメリットを得ることができます。

・サプライヤー選定・評価や価格決定の根拠となるデータの資産化

サプライヤー情報や購入仕様（品質）、見積りおよび購入価格、納期など、多くのデータを社内外でやり取りし、それらの間できめ細やかな調整をすることが調達業務では重要ですが、これらのデータは一部の担当者しか把握していない状態（属人化）になりがちです。調達DXを実施すると、上記の調達データが蓄積されるため、担当者が代わった際にも、サプライヤー選定・評価や価格決定の根拠となるデータをもとに調達業務を進めることができ、調達業務の効率化につながります。

・購入品の調達状況の確認が可能

調達DXを実施すると、サプライヤーに注文した発注データや検収データも見える化でき、現在の購入品の調達状況を常に把握できます。また手配の自動化によって、納期管理や品質管理の生産性の向上、ヒューマンエラー（人的ミス）防止につながります。

≫調達DXに活用されている技術

現在、調達DXで活用されている主な技術として、RPA（Robotic Process Automation）、AI（Artificial Intelligence）、クラウドコンピューティング、データアナリティクスなどがあります。

RPAは、調達の事務業務プロセスを自動化する技術で、人間を補完する業務を遂行できることから仮想知的労働者とも呼ばれています。パソコン上で人が実施する作業や操作をデジタル媒体上に記録し再現することで、結果的に人の作業を代替できます。調達現場では、調達データの入力作業などで活用され、作業効率化とミスの防止に役立っています。

AI（人工知能）は、人間の脳が実行する知的作業や推論をコンピューターに模倣させ、蓄積したデータから学習させることで、高度な知能へステップアップする技術のことです。調達現場では、コスト分析やコスト低減アイデアの策定などで活用が進んでいますが、導入には調達業務に精通した人がAIの知識を身に付け、適切な調達業務に活用していくことが必要です。

クラウドコンピューティングは、インターネットなどのネットワーク上で必要なサービスを使うことができる技術です。調達現場では、電子帳簿保存法の改定で義務付けられた、電子取引をしている見積書、請求書、発注書などのサプライヤーから受け取った電子データのオリジナルを保存するためにクラウドの技術を活用しています。

データアナリティクスは、データを調査、分析して結論を特定することで、意志決定の効率性を高める技術です。調達現場では、購入品の価格（コスト）が査定できるコストシミュレーターや推奨部品（標準部品）検索システムの開発などで活用されています。

調達DXの進め方 ～調達ビジョンが重要～

調達DXの５つの手順

調達DXは、次の手順で進めていきます。

①調達ビジョンを描く

目指すべき調達部門の姿（ビジョン）を描きます。たとえば、製品開発ロードマップや要素技術ロードマップを把握し、先行活動テーマを明確化して、ソーシング活動を主体的に実施しているなど、調達部門のゴールと達成までの道筋であるビジョンを描きます。

②現状の問題・課題を抽出する

調達ビジョンに対して、2-1で解説した調達業務プロセスのソーシングやパーチェシングの各業務で、何が問題であるかを洗い出し、その業務のあるべき姿（課題）を考えます。たとえば、調達現場では、ソーシングプロセスが実行されないなどの問題があり、課題はソーシングプロセスを定着させることなどがあります。

③要件定義

現状の問題・課題を解決するための調達業務プロセスを構築し、システム化するための要件仕様や条件を考え、要件定義書を作成します。

④システム開発・選定

要件定義書の仕様を満足するシステムを社内で開発するか、または社外のシステムを調査・選定し、購入します。

⑤試験と運用開始

要件仕様を満たしていることを確認します。満たしていれば、操作説明会を実施し、運用を開始します。

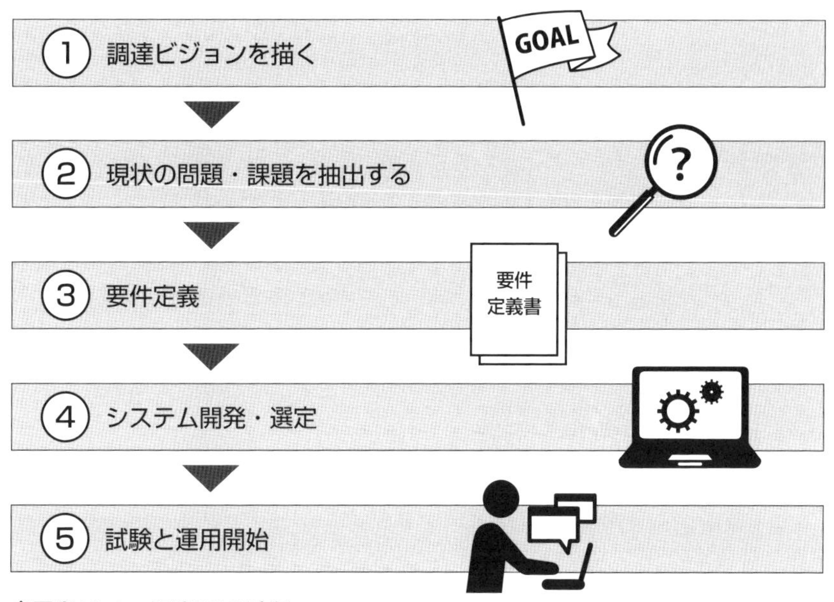

◆図表14-1　調達DXの手順

調達DXの事例～5つのタイプの調達管理システム～

5つの調達管理システムのタイプ

調達DXシステムには、第3～5章で説明したリバースオークションシステムやサプライヤー選定システム、コストデザインシステム、コストシミュレーター、また調達業務を広くカバーした調達管理システムがあります。日本国内には、大きく分けて5つのタイプの調達管理システムがあります。

①発注業務のみのタイプ

オンラインで商品を販売するECサイトのように、カタログ購入のプロセス機能が強化された調達管理システムです。

②支払い業務を除く発注から検収業務までに対応するタイプ

発注から検収処理までのプロセスをカバーしたタイプです。日本企業の調達管理システムでは最も多いです。支払い業務領域が除かれるため、支払いシステムとの連携に必要なマスタやインターフェイス機能が重要です。パーチェシング業務の効率化と生産性の向上に役立ちます。

③発注から検収業務までに対応するタイプ

上記②のタイプに支払い業務も含む、発注から検収処理までのプロセスをカバーした調達管理システムです。②同様、パーチェシング業務の効率化と生産性の向上に役立ちます。

④ソーシング業務に対応するタイプ

購入するサプライヤーおよび購入価格、購入仕様などの契約条件を決定するソーシング業務をすべてカバーした調達管理システムです。AIやデータアナリティクスなどのDX技術を活用し、目標価格を計算したり、推奨サプライヤーを選定したりする機能があり、高価なシステムになります。

⑤ソーシング業務からパーチェシング業務までに対応するタイプ

ソーシング業務領域からパーチェシング業務領域までのすべての調達プロセスを包括した調達管理システムです。前記③と④をあわせたシステムになるため、５つのタイプの中で最も高価なシステムになります。

現在、リモートワークの普及で、従来の紙を媒体にした業務からペーパーレス化が進んでいます。同時にプロセスの自動化も進んでいます。そのため、文書管理システムや電子決裁、電子契約などのシステムの導入が多くの企業で進んでいます

調達先進企業では、見積価格や購入価格、サプライヤー情報、コスト低減施策など、さまざまな調達情報の共有化と分析ができるシステムが導入されています。今後はこれらのシステムが全社システムと連携し、経営的に最適なものを買う調達が加速し、中長期な経営戦略の立案に調達データが活用されていくでしょう。

付　録

コスト低減のアイデアチェックリスト

付録　コスト低減のアイデアチェックリスト

コスト低減のアイデア出しをする際、次の項目をチェックしながらコスト低減アイデアを考えると、コスト低減アイデアの漏れを防げます。たとえば、コスト低減アイデア発想会の現場で、コスト低減アイデアが不足しているときなどに活用できます。

≫部材コスト低減のチェック項目

①サプライヤーへのメリット創出

・サプライヤーが抱える課題を把握したか
・購入価格の低減と引替えに受諾できるサプライヤーの条件はないか
・発注や仕様の提示時期、購入価格決定時期などを変えることでコスト低減ができないか
・サプライヤーの利益を削るのではなくWin-Win関係を構築することを考えたか
・支払条件や調達先の余剰リソースの活用を考えたか

②サプライヤー競合環境創出

・３社以上のサプライヤーから見積りが取れ、少なくとも２社から常に調達できるような環境を作っているか
・モノベンダー（１社調達）の独占品は内製や他のサプライヤーの開拓を進めているか
・より低コスト側の人、モノを選択できないか
・リバースオークション（電子入札）を活用できないか
・単価が低い人、モノは品質や仕様など規格スペックで満たすことはできないか

③ベンチマーキング

・現在のサプライヤー、購入価格レベルについて国内外の類似品の市場調査や比較を実施したか
・他社と比較し有利な調達をしているといえるか
・他社のほうが有利な調達をしている場合、その差は何か、対策は実施したか

④発注量の変更

・サプライヤーの生産ロットとの合致など、発注量を最も効果的な条件にしたか
・同等品や類似品などの調達品目を集約し、大量購入によるボリューム値引きを考慮したか
・年間契約やロット契約など、将来の発注量を保証して総量による有利な調達を考慮したか
・納入時期、物量、サプライヤー、交渉単位などの集約は考えたか
・保管量の合理的決定、部材の仕込み化は考えたか
・分割納入の場合の納入頻度と納入量の適正化は考えたか

⑤取引慣行の変更

・商流や物流ルートは適正か、安いルートに変更したり減らせたりできないか
・商社などの１次サプライヤーの付加価値はあるか、商社口銭は付加価値に見合ったものか
・なれ合い購入などで購入価格が高くなっていないか
・工事外注の重層構造（１次下請→２次下請→３次下請→……）の縮減はできないか

⑥サプライヤーの変更

・国内外の最も安価なサプライヤー、外注先（設計、加工、作業、検査など）に変えられないか

・最も安価なサプライヤーに集約し比率を高められないか（発注シェア操作）
・海外調達や現地調達など、購入地を変えることで安価にできないか
・安価で受けてから多くのコストアップにつながる仕様変更を要求されていないか

⑦購入条件の変更

・納期、支払条件（時期、方法）、保証内容、不良品の取り扱い、受入方法などの契約条件を変えることで安くできないか
・サプライヤーからの追加要求費用を抑制するなどの有利な条件としているか

⑧購入単価の低減

・他のサプライヤーと比較して各種コスト、経費は高すぎないか、購入単価の低減交渉ができないか
・購入単価の構成要素と根拠を把握しているか、見積内容全体として二重取りのようなコスト構成要素は含まれていないか
・期間や対象などを限定してでも単価低減の合意ができないか
・過去の単価交渉実績や変更履歴を調査したか
・交渉には原材料価格トレンドや同業他社の単価情報も活用したか

⑨調達交渉方法の変更

・担当部署以外も含めた交渉能力の高い人への変更や、交渉へのトップ同行などで効果はないか
・価格構成要素別ベンチマーキングによる適正コスト提示などの論理的交渉を計画したか
・過去の有利な交渉記録の参照や他の案件との抱き合わせ交渉など、有利な交渉条件を準備したか

⑩価格査定方法の変更

・現在の価格査定方法は適正か、それらの根拠はあるか
・習熟効果やリピート品の値引き要求などの査定技術を用意しているか
・サプライヤーの現地出張旅費、交通費、宿泊費などは地元人員かどうかや、現地事務所、支店、宿泊施設の所有などの実情を確認し査定しているか
・前任者の査定方法を単に踏襲せず根拠を確認したか

⑪価格決定方法の変更

・かかった費用はかかっただけすべて支払う事後精算のような不利な価格決定をしていないか
・案件や期間限定などの特殊条件設定により特別価格で合意できないか

⑫サプライヤー・外注先への介入

・サプライヤーに訪問指導を実施することで安くできないか
・サプライヤーが２次調達先から調達する価格水準は高くないか（サプライヤーの２次調達先の価格水準は自社が調達するよりも著しく高い場合がある）
・２次調達先からの調達品を安価で支給したり購入したりする方法を提供できないか

⑬発注者の変更

・発注依頼者や部署を変えることで安くできないか
・最も競争力のある発注者や部署がまとめて調達しているか
・他部署、他事業所、グループ会社、他社との共同購入で安くできないか（そのサプライヤーとメインに取引する部署への集約）
・ケーブルなら100m手配する部署の分も１万mを手配する部署がまとめて手配しているか

⑭サプライヤー提案

・調達先との共同VEを行い、VE提案の提出を促したか

・事前の価格合意以降のサプライヤー努力による低減効果は調達先の取り分は按分するなどのインセンティブが働く価格決定方法、契約方法としたか（サプライヤーとの共同VEの場合は活動前に効果還元方法を合意しておくこと、情報漏洩防止のために秘密保持契約を締結しておく必要がある）

⑮他社に買い勝つ

・調達保全などの対策のために、サプライヤーの囲い込み戦略を実行したか

⑯発注業務の効率化

・手配、発注を減らす方法はないか

・現在の調達方法、調達技術の水準は低くないか、世界一といえるか

・調達先選定、見積入手、比較評価などの購買プロセスの自動化や業務効率を高める各種ツールを取り入れているか

›› 生産コスト・加工外注コスト低減のチェック項目

①ベンチマーキング

・社内、グループ会社や国内外の業者の専門工程を調査し比較したか

・より高い技術や生産効率、価格競争力を持つ代替メーカーを開発したか

②全体最適化

・自部門の機種単位ではなく、事業所内やグループ会社内で共通する作業工程を横断的に捉えて検討したか

・特定の作業部門の工数を減らすことだけでなく、他部門を含めた加工費全体を減らすような見方もしているか

③内外作政策

・外注と内製のコストを比較し総合的に有利なほうを選定しているか
・社内の設備にも人にも余裕がある場合は、単純なコスト比較だけでなく事業所や部門レベルの作業時間の山積みなどを考慮して比較したか

④過剰仕様・特殊仕様の排除

・性能、環境条件、外観、特殊色彩指定、数量、機構、構造、形状（加工指示）、位置、寸法、公差（精度指示）、材質（材料指示）、仕上げ、溶接仕様（開先形状、脚長）について、今までなぜそうしてきたか、今でも正当な根拠があるか、過剰仕様・特殊仕様を変えられないか
・世界標準や業界標準、顧客要求仕様と比較したか
・過剰な仕様が要求されていないか、要求根拠は何か確認したか
・過剰に設計が複雑になっていないか
・過剰な要求が原因で時間や工数がかかりすぎていないか
・他の方法はないか、他のものを代わりに使えないか
・設計仕様、図面へのフィードバックができているか

⑤公差（精度）の緩和

・すべての加工面について本当に全部必要か確認したか、減らせないか
・過剰な公差や仕上げが要求されていないか
・必要な範囲以外に過剰な公差や仕上げが要求されていないか

⑥作り方の変更

・作業の要領や手順の変更はできないか
・溶接や加工などの製造方法の変更、改善、開発はできないか
・加工などを複合化し一度に多くの加工ができるようにならないか

⑦新製品・新技術の導入

・外注と内製のコストを比較し総合的に有利なほうを選定しているか
・もっと適当な治工具などを開発し適用できないか

・自動化や機械化などで無人化できないか
・切削速度、段取替、加工、計測、給油（潤滑・切削）、切粉排除、刃物交換、チャッキングなどの高速化はできないか
・動作の効率化や治工具などの省略化はできないか
・耐摩耗工具や新材料工具などは採用できないか

⑧安価部材の使用

・消耗工具、間接材料、型／治工具／専用具、材料、部品などの単価は相場表でチェックし安価なものを使っているか
・安価なレンタル品は使えないか

⑨標準品の使用

・特殊な工程や治工具を使用する要求はないか
・標準の工程や治工具が使える設計にできないか
・取付けボルトの統一など、最も作業効率の良い設計にできないか
・設計仕様、図面へのフィードバックはしたか

⑩ムリ、ムダ、ムラの低減

・マテハン（マテリアルハンドリング：モノの移動）のムダなどの製品価値につながらない価値の低い工程、作業、動作はないか
・手待ちややり直し、重複作業が発生しないように対策しているか
・業務効率を高める各種ツールを取り入れているか

⑪工程管理の改善

・異なる工程を重ね合わせることで効果はないか
・異なる工程間のつながりをスムーズにする外段取り化などの対策をしたか
・量産効果が出るように同じ工程を使える類似品も含めた生産計画としたか

⑫効率性向上

・生産基準日、納期、工程順序、工程数、作業順序などは効率的に変えられないか
・作業体制や作業者は効率的に変えられないか、まとめて作るなど、生産ロットを効率的に変えられないか

⑬工程の低減

・加工や組立てなどの工程が過剰に多く時間や工数が掛かりすぎていないか
・工程の省略、単純化、結合などはできないか
・逆に工程を細分化して分業を採用した場合に効果はないか

⑭作業動作の低減

・動画撮影による作業員の動作分析を実施しているか
・無給油切削の採用などの動作改善のための対策を実施したか
・作業中断を防止するための対策を実施したか

⑮段取りの低減

・製品や作業の標準化、共通化によって段取り替えを不要にできないか
・治工具などの数を増やすことで外段取り化して効率を上げられないか

⑯数の低減

・余剰、過剰な工程、作業、動作、部品などをなくすか、減らせないか
・治工具などは共用化して準備する数を減らせないか
・加工工程などを改善し材料や工具などを節約しているか

⑰人の能率向上

・現場の実情に精通したベテランをメンバーに入れているか
・トレーニングを実施し、作業の効率を上げられないか
・効率の良い人員や外注先に替えられないか

⑱人員削減

・多能化、兼務化で複数の人がやっていたことを一人でできないか
・計画の精度アップや工程の平準化（ピーク低減）で過剰な人員を減らせないか

⑲人の使い方の変更

・少人数長期間、多人数短期間など、最も有利な派遣計画を選定しているか
・残業、休日などを避けた派遣計画としているか、過剰な派遣期間としていないか

⑳作業量の低減、作業環境改善

・生産ロット数を大きくし、段取り替え回数を減らすなどの適正なロットを採用したか
・余力のバランス、タイミング調整などの工程管理改善で工程待ちを減らせないか
・長期耐久刃物やバリの出ない技法などの採用で付随作業を減らせないか
・治具、工具、備品などは探さなくても良いように整理しているか
・設備や工具のレイアウトや作業員の配置は適切になっているか
・運搬や往来の距離が最短になるような能率的なレイアウトにしているか
・作業場のスペースや設備、環境は作業性が上がるように整備されているか

≫ 総コスト低減のチェック項目

①全体最適化

・常に特定の案件や部署だけでなく社内全体を横断的に捉えて、トータルコストを最小とする見方をしたか

・ビジネスモデル全体、業務プロセス全体として捉えて改善点はないか

②ベンチマーキング

・国内外の専門業者や社内、グループ会社の専門家の情報を確認したか
・最先端企業ではどのようにしているか確認したか
・他業界の類似機能の情報は集めたか

③設計慣行の変更

・今までなぜそうしてきたか、今でも正当な根拠があるか、それを変えられないか
・世界標準や業界標準、顧客要求仕様と比較したか
・他の方法はないか、他のものを代わりに使えないか

④ルールの変更

・過剰なコストの原因となっているルールはないか
・そのルールの根拠を確認したか、拡大解釈しているところはないか
・そのルールは変えられないか、適用範囲外にできないか

⑤特殊仕様・過剰仕様の排除

・工場内の運搬などの顧客から見た商品価値がない（売価が付かない）ところや社内から見た付加価値が低いところはないか、そこに過剰なコストをかけていないか
・特殊仕様や過剰仕様、単なるこだわりやぜいたくなところはないか
・その機能を削除、廃止、排除、不要化、中止、省略、除外、削減、縮小、減少できないか
・レス・エンジニアリング（ネジレス、材料レス、無人化、現地工事レスなど）は考えたか
・モノ、工程（業務プロセス）、作業（業務ステップ）、動作、過剰仕様部品、過剰作業、重複作業、趣味的作業、二度手間、低価値出張、多人数出張、残業、手待ち、持ち替え、探しなどのムダな人の動きはな

いか

⑥数量の低減

・必要な数量を減らせないか
・予備数、マージンを減らせないか

⑦簡素化

・もっと簡単な、単純な、やりやすい、効率の良いモノややり方はないか
・社内外の標準品、規格品は使えないか
・複雑なモノや形状の左右、上下などを対称形にできないか

⑧トレンド活用

・世の中の技術トレンドなどの変化で利用できそうなものはないか
・５年後、10年後の技術やビジネスモデル、業務の未来予測で利用できそうなものはないか

⑨他のアイデアの活用

・一般家電品や社内外類似品、まったく別の業界や製品の着想が使えないか
・自然界で似たようなものはないか
・過去に似たようなものはなかったか

⑩アイデアの転用

・そのアイデアをそのままか少し変えて他の機種や製品に流用できないか
・そのアイデアが使えそうな他の製品にも転用し活用したか

⑪共用化

・モノの共用化や人の兼務化、多能化はできないか

・他の製品や社内外で大量に作っているものと共用化や共通化できないか

⑫他のモノの活用

・社内外の専門会社、部署への移管や外部に委託して安くできないか
・もっと安くなる各種の割引などを使えないか
・保険などの活用で安くできないか、リスクを減らせないか

⑬最適化

・業務は最も適切な場所、時間、方法、部署、人によって実施できないか
・それらのコスト競争力の水準は低くないか、世界一といえるか
・コスト競争力の水準が低い場合、その差は何か、対策はしたか

⑭人員配置の適正化

・人員配置は適材適所となっているか、作業量に見合っているか
・分業のいきすぎやその逆の状態に陥っていないか

⑮機能の組み合わせ

・他のアイデアや機能との結合や組み合わせで効果はないか
・そのアイデアや機能に何かを付け加えることで効果はないか
・だぶらせたり、折りたたんだり、伸縮自在にしたり、繰り返したりすることで効果はないか

⑯逆思考

・内外、上下、左右、前後、縦横、原因／結果、役割、順序などを反対に入れ替えて安くできないか

⑰間接業務の最適化

・作成資料や事務伝票、処理業務の削減や自動化、多目的化、共通化、

標準化はできないか
・事務所、作業場のレイアウトは改善できないか
・事務能率を高める各種ツールを取り入れているか

⑱費用対効果
・アイデア実現のために発生するコストは把握したか
・上記コストは得られる効果に見合うものか

索　引

さ行

た行

な行

は行

ま行

や行

ら行

参考文献

・A.T.カーニー監修、野田武著『最強の調達戦略―成熟市場の企業収益力を向上させる経営手法』（東洋経済新報社）、2014年
・関西支部・VE入門研修研究会編『新・VE入門Q&A あなたの疑問に答える99問』（社団法人日本バリュー・エンジニアリング協会）、2000年
・アクセンチュア調達戦略グループ『強い調達』（東洋経済新報社）、2007年
・坂口孝則『製造業の現場バイヤーが教える調達力・購買力の基礎を身に付ける本』（日刊工業新聞社）、2007年
・坂口孝則『決定版!「調達・購買」戦略の教科書』（日刊工業新聞社）、2017年
・坂口孝則『調達・購買の教科書 第２版』（日刊工業新聞社）、2021年
・坂田慎一『図解 よくわかるこれからの外注管理―なるほど！ これでわかった』（同文舘出版）、2005年
・菅間正二『図解 よくわかるこれからの購買管理―なるほど！ これでわかった』（同文舘出版）、2004年
・鈴江歳夫『図解 コスト1/2計画―コスト発生源を断つ考え方とテクニック』（日本能率協会マネジメントセンター）、1994年
・土屋裕監修、産能大学VE研究グループ著『新・VEの基本―価値分析の考え方と実践プロセス』（産業能率大学出版部）、1998年
・日本VE協会『VE用語の手引』（公益社団法人日本バリュー・エンジニアリング協会）、1992年
・萩原古寿編『大阪電燈株式会社沿革史』（大阪電燈株式会社清算事務所）、1925年
・長谷川邦夫「バリュー・エンジニアリング」（『会報　第259号』）（日本工業倶楽部）、2017年
・パナソニックエコソリューションズ創研（株）調達管理チーム編『こ

れだけは知っておきたい　調達・購買の基礎』（オーム社）、2014年
・フィリップ・コトラー、ケビン・レーン・ケラー著、恩藏直人監修、月谷真紀訳『コトラー&ケラーのマーケティング・マネジメント 第12版』（丸善出版）、2008年
・福原政則『バリュー・エンジニアリング入門〜価値創造手法〜』（株式会社福原イノベーション研究所）、2021年
・牧野直哉『図解入門ビジネス 最新 調達・購買の基本とコスト削減がよ〜くわかる本［第2版］』（秀和システム）、2019年
・守屋周『戦略調達担当者のお作法―ケースで学ぶ製造業戦略バイヤーの知識、マインド、戦略、キャリア』（同友館）、2014年
・八木君敏『知の協創購買―開発購買とサプライヤ評価システム』（日本資材管理協会）、2012年
・山口俊之『図解入門ビジネス 最新 生産工場のDXがよ〜くわかる本』（秀和システム）、2021年
・吉田栄介、伊藤治文『実践Q&A コストダウンのはなし』（中央経済社）、2021年
・新型コロナウイルス対策検討自動車協議会『自動車サプライチェーンの強靭化に向けた取組』
https://www.meti.go.jp/press/2022/07/20220701006/20220701006-a.pdf
・トヨタ企業サイト『トヨタ自動車75年史』
https://www.toyota.co.jp/jpn/company/history/75years/

福原 政則（ふくはら・まさのり）
株式会社福原イノベーション研究所　代表取締役社長兼CEO
1995年、株式会社日立製作所入社。研究開発部門で半導体技師、本社調達統括本部にて全社製品コスト競争力強化コンサルタントや海外集中集約購買、調達システム開発に従事し、事業体にて原価企画・部品標準化プロジェクト主任技師、製品開発コストマネージャ、全社原価企画戦略責任者などを務め、2011年から現職。
総合電機、総合重工、医薬品、制御機器、総合食品、保守サービス、商社などの企業の調達改革（調達ソーシングプロセス構築、開発購買、調達システム開発、調達戦略、調達監査、調達業務効率向上、コスト低減など）、事業構造改革、中期経営計画作成、新規事業創造、設計標準化、業務改革、システム開発、SDGs経営、営業改革、人材育成などのコンサルティングおよび研修を実施し、これまでの支援実績数は350社を超える。

カバーデザイン　喜來詩織（エントツ）
DTP　一企画

部品や原材料不足時代に打ち勝つ！
調達・資材・購買の基本

2023年4月17日　初版第1刷発行

著者　福原 政則
発行人　佐々木 幹夫
発行所　株式会社 翔泳社（https://www.shoeisha.co.jp）
印刷・製本　株式会社 加藤文明社印刷所

本書へのお問い合わせについては、ii ページに記載の内容をお読みください。
落丁・乱丁はお取り替え致します。03-5362-3705 までご連絡ください。
ISBN978-4-7981-7768-7　Printed in Japan